JN114402

Shinmai Sensho 信毎選書

軍事郵便は語る

戦場で綴られた日露戦争とその時代

桂木　恵
Katsuragi Megumi

はじめに

日露戦争は、教科書はじめ、小説、映画、テレビのスペシャルドラマ、漫画など、さまざまな分野で取り上げられていることから、誰もが基礎的な知識を持っている史実といっていいでしょう。

研究者による専門書や陸海軍や参謀本部などの公的な記録、さらには動員された師団や連隊などがそれぞれにまとめた戦史も多く残っています。当事者の手による公的記録は、かなり細部にわたって記してありますが、これらは軍の中枢が深く関わっている点を考慮する必要があります。また、軍事行動の全体像を明らかにすることを主眼としているため、個々の兵士の足跡はもちろん、軍隊内部の日常生活などはなかなか見えてきません。例外的に個々の兵士についての記述もありますが、取り上げられているのは著名な指揮官や、〝軍神〟となった兵士についてのものです。とりわけ後者については、戦死者を顕彰し美化するという意図で書かれていることを忘れてはいけないでしょう。

個々の兵士が記した個人の日記もあります。動員から帰国までほぼ毎日、戦闘の様子や戦場での暮らし、心情などが克明に記録されており、直接に体験した者でしか書き得ない臨場感に富んでいて、読み応えがあります。ただ、帰国後に清書された際に加除修正などの編集がなされた可能性が残ります。

これらに対して、リアルタイムで書かれたもので極めて貴重なのが兵士の生の声が綴られた手紙です。これらは一般に軍事郵便と呼ばれています。

日清戦争からアジア太平洋戦争に至るまで、戦地にいる個々の兵士の安否を知る方法は、手紙しかありませんでした。兵士と故郷の家族をつなぐ、大切なそして唯一の連絡手段でした。それゆえ、兵士たちは実に膨大な量の手紙を出し続けました。アジア太平洋戦争時を中心に軍事郵便の研究を精力的に続けている新井勝紘専修大教授によると、軍事郵便の総数は日清戦争時だけでも１２３９万通余り、日露戦争時には４億６０００万通に上るといいます。近年別の研究者からは７７００万通くらいではないかという説が出されていますが、いずれにせよ、大変な数です。しかし、それらのうち所在が明らかにされたものはごく一部で、それらを対象にした研究もほとんどありません。わずかに、故大江志乃夫茨城大学名誉教授の『兵士たちの日露戦争』（朝日新聞社）があるくらいです。同書は、福井県旧大野郡羽生村（福井市）の旧家笠松家に残されていた529通の軍事郵便を丹念に読み解いた秀逸な研究書です。そこからは、兵士の体験した戦争の実相や心情などが浮かび上がってきます。

同様の軍事郵便が、長野県東部、現在は東御市の一部となっている旧小県郡（ちいさがたぐん）県（あがた）村にも大量に残されています。その数は約550通。この村から日露戦争に出征した兵士たちが戦地から書き送ったものです。ほとんどすべて、彼らが母校である旧県尋常高等小学校（現東御市立田中小学校）の校長小林彦次郎に宛てたものでした。

兵士たちは、ほとんどが農民出身でした。平時なら家業の農蚕に精を出していたはずです。戦場に立たされて何を見てどう感じたのか、それを軍事郵便でどのように伝えたのか。それらもまた、紛れもない日露戦争の一面です。

ふだんなかなか文字を書く習慣がなかったであろう兵士たちが、戦地から書き送った多くの手紙。内容は実に多岐にわたります。これらはすべて検閲の対象となっていたので、そこは十分に考慮する必要があります。しかし、その点を差し引いても一枚一枚に切実な思いが込められ、十分に伝わってきます。体裁や文字、内容なども実に個性豊かです。

これらの軍事郵便からは、戦争を時系列でたどることもできます。故郷の出発から兵営に入るまで、兵営での暮らしの様子、動員令を受けて兵営から広島宇品（うじな）港に至るまでの道中の見送りの様子、玄界灘を超えて遼東半島もしくは朝鮮半島への上陸に至るまでの航路。さらに上陸後から戦場への行軍の様子、そして戦闘、仲間の戦死、異国で彼らが見聞きしたもの、講和条約の受け止め、帰国に至るまで、書き送っています。つまり、開戦から戦争終結後の帰国まで、これらはあまねく網羅しているのです。

　言うまでもなく、戦場は死と直面している非日常の場です。そこに送られた兵士たちにとって、故郷との手紙のやり取りは格段に重い価値を持つものでした。それは送り出した人々にとっても同じです。親族や親しい人々の安否を一刻も早く確認したいと願うのは、古今東西ごく自然な情感だからです。

　兵士らの書いた軍事郵便は、実体験に基づくものだけに説得力を持って語りかけてきます。戦闘の様子が生々しく書かれたものも少なくありません。戦地での日常の衣食住について、記したものもあります。異国での体験を、珍しがって書き送ってきたものもあります。望郷の念を正直に綴ったものもあります。読むたびに新たな発見があり、軍事郵便の持つ史料的価値の重さを幾度も感じさせられました。

　２０２０年は、日露戦争終結から１１５年。その体験者はすべて鬼籍に入られ、帝国陸海軍も存在せず、もはや歴史の一部です。しかし、近代日本の本格的な対外戦争である日清戦争と日露戦争は、その後の日本の歩みを大きく変えることになりました。「軍事・経済的にほかの国家や民族を支配し巨大な国家をつくろうとする」帝国主義の道を歩み始め、台湾、南樺太に続き大韓帝国（韓国）を植民地にしました。

満州からロシアが後退した後、ここを踏み台にして対外戦争の道を一層強めることになりました。1932（昭和7）年、日露戦争後に獲得した南満州鉄道警備の名目のもとに関東軍が引き起こした満州事変は、その始まりでした。「満州国」を足場にした日本が、さらに中国全土へと戦線を拡大し、ついにはアジア太平洋戦争へとのめり込んでいく経過をみると、日露戦争が、アジア太平洋戦争を招致したという見方もできます。朝鮮半島・中国・日本という東北アジアの平和地帯を築かねばならないのに、この歴史に向き合う認識の相違が、今日でも外交はじめさまざまな分野に深い影を落としています。

日露戦争とは何だったのか。信州に残る、兵士たちが母校の小学校長に送り続けてきた550通の手紙を読み解くことによって、兵士たちの綴った戦場の実相や体験そして思いは、何を私たちに問いかけているのか、兵士の立場に寄り添って考えてみようと思います。

目　次

はじめに

第1章　小林彦次郎と軍事郵便……11
1　小林彦次郎と県小学校……12
2　彦次郎の人となり……18
3　どんな手紙が届いたのか……25

第2章　戦場へ……29
1　入営……30
2　兵営にて……37
3　全国規模の見送り……46
4　玄界灘を渡る……54

目　次

第3章　戦闘と兵士たち……59
1　鴨緑江渡河作戦から鳳凰城占領……60
2　南山の戦闘……81
3　旅順攻囲戦……91
4　遼陽から沙河会戦へ……124
5　奉天会戦と樺太占領……135
コラム1　「最新兵器」電信……145
第4章　戦場の現実……149
1　戦死の覚悟……150
2　戦場での病気や負傷……164
3　そのほかの〝敵〟……171
コラム2　将兵の食器……181
第5章　戦場は満州・朝鮮……183
1　戦場とされた村……184
2　蔑視感の醸成……190

3　占領地域と軍政……203
第6章　日露戦争の大義と目的……209
1　正義と自衛という大義名分……210
2　韓国支配こそが戦争目的……216
第7章　兵士たちと軍事郵便……225
1　望郷の念……226
2　兵士たちの立場……233
3　手柄を立てるということ……241
4　教育の〝成果〟……249
5　彦次郎の兵士たちへの愛情……260
終章　軍事郵便は語り続ける……277
あとがき
資料　差出人別軍事郵便数

第1章

小林彦次郎と軍事郵便

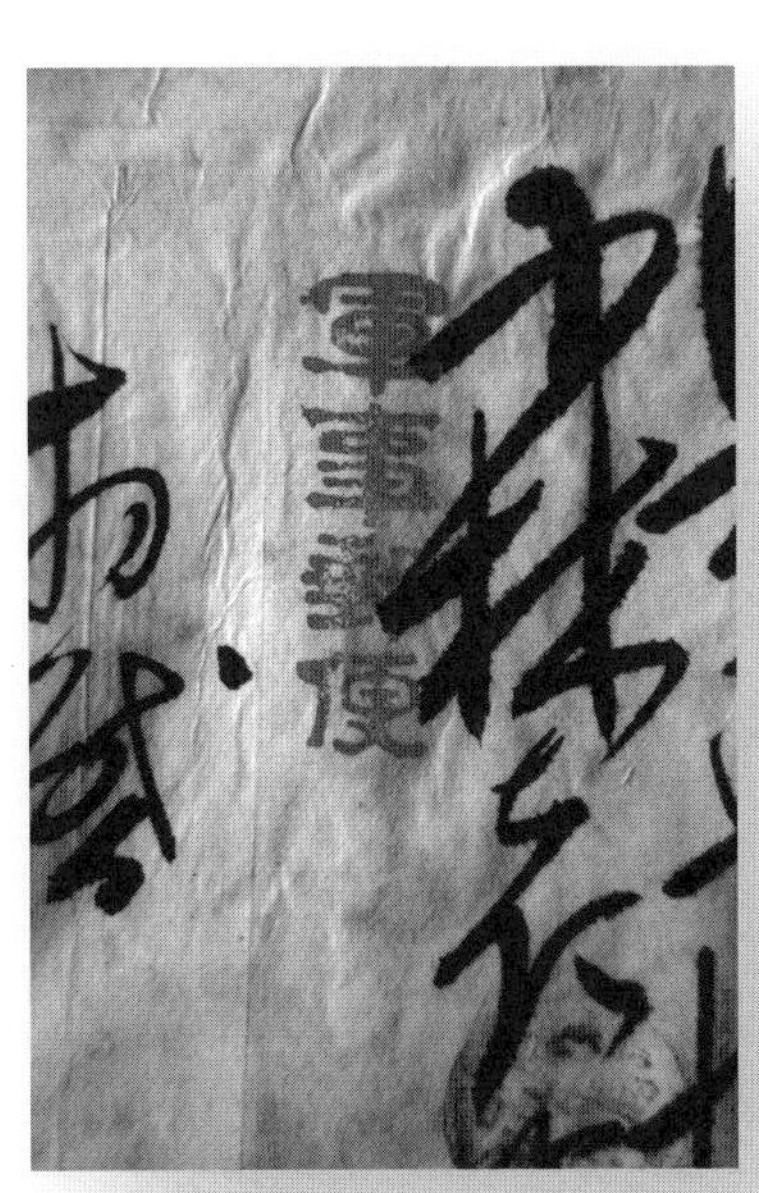

1　小林彦次郎と県小学校

長野県東部に位置する旧小県郡県村（現東御市）に、約550通の軍事郵便が残されています。手紙のほとんどは、日露戦争に出征した兵士たちが、彼らの母校である旧県尋常高等小学校（現東御市立田中小学校）校長だった小林彦次郎に宛てて戦地から書いたものです。

これらの手紙は、日露戦争開戦直後の1904（明治37）年3月から、戦争が終結し帰還の終わった1906年2月までの2年足らずの間に出されています。ひとくちに550通といっても、実際に目の当たりにしますと、その分量の多さには圧倒されます。

手紙を受け取った小林彦次郎（以下彦次郎と略す）は、これらの手紙を3冊のアルバムに貼り付けて整理、保管していました。はがきは、アルバム台紙を窓状に切り抜いて貼り付け、表の宛先・差出人と裏の文面の両方が読めるように工夫されています。封筒もまた表裏が読めるように切り開き、中の便箋も1枚ずつ分けて貼付。封筒兼用便箋である郵便書簡も封筒同様に表裏が読めるように切り抜き、台紙に貼ってあります。また、一部の郵

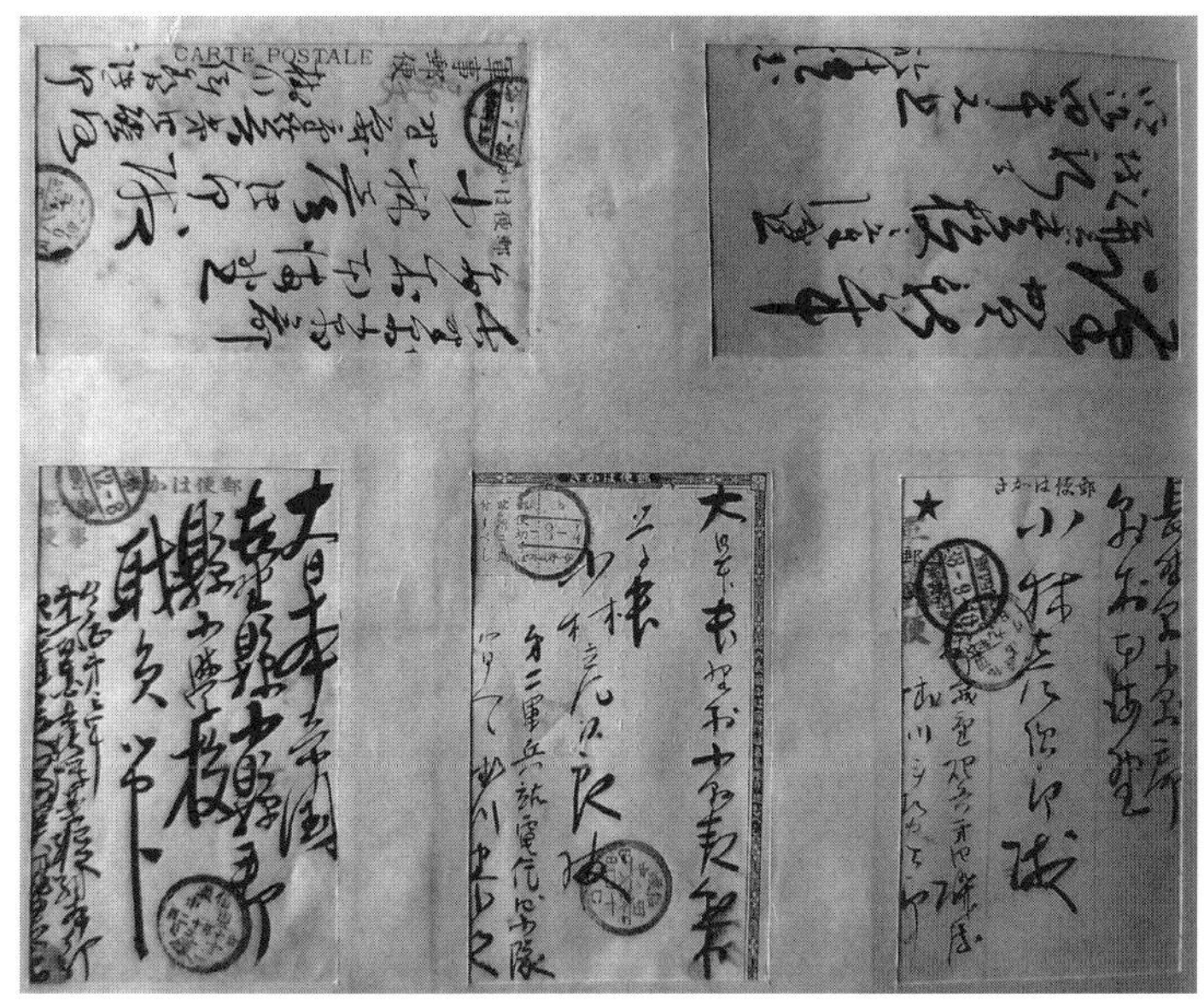

アルバムに貼付されたはがき

小林彦次郎の宛名の横に「軍事郵便」の印が押されている

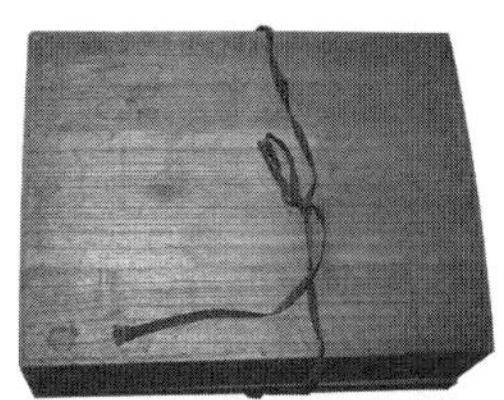

550通の軍事郵便を貼ったアルバムを保存していた桐箱

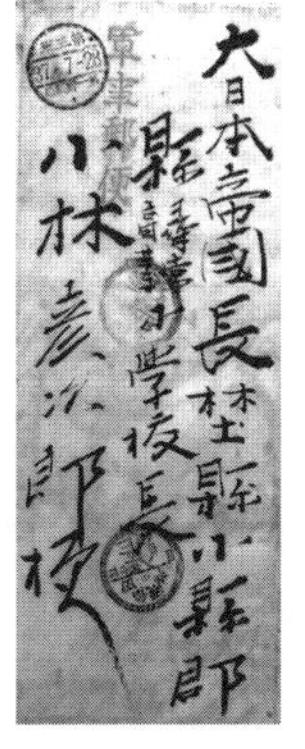

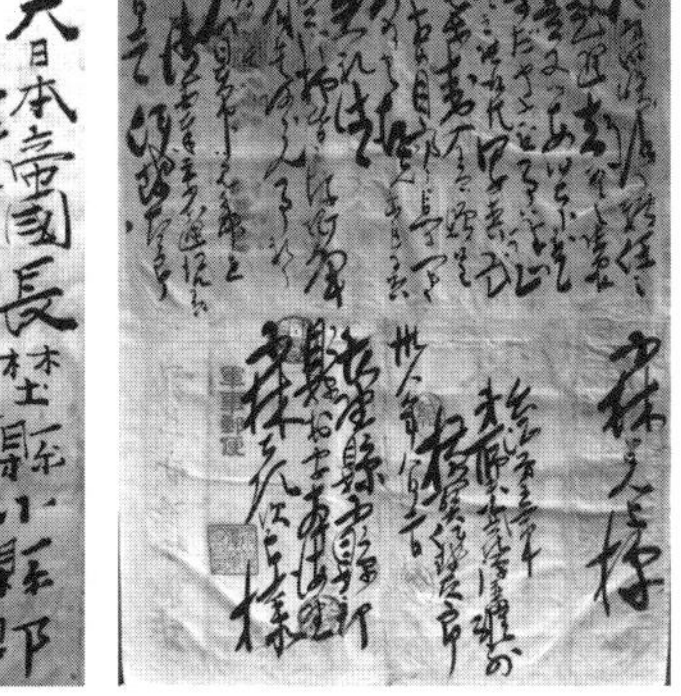

封書と封筒

便書簡の便箋部分には、写真やイラストが印刷されているカラフルなものもあります。

これらの手紙たちは、その丁寧な処理の仕方などからも、大切に保管されてきたことがわかります。１００年以上も昔の文書であるにもかかわらず、虫食いや滲（にじ）みなど紙質の劣化などが全くといっていいほどなく、保存の良さに驚かされます。絵はがきなどにも色落ちや変色は見られず、まるで書かれた当時のままのようです。ただ、アルバム表紙に貼られていた布テープだけが経年劣化のためか切れてしまっていますが、補修困難なものではないようです。

ほぼＢ４サイズのアルバムは、厚さが5センチほど。おそらく特注で作らせたと思われる桐の箱に、３冊合わせてぴったりと収められています。このこともまた、彦次郎が兵士たちからの郵便物を大切に取り扱い、永年にわたって保存しようとしていたことがうかがえます。なお、３冊のアルバムには到着順などの法則性はなく、どんな意図で分けたのかはわかっていません。

戦地の兵士たちがこれほどまでに多くの手紙を送った小林彦次郎とは、いったいどんな人物だったのでしょうか。

手がかりの一つが、１９７９～８０年に旧小県郡東部町立田中小学校（現東御市立田中小学校）校長を務めた久保浩美氏が書いた、ガリ版刷り３枚の小冊子『小林彦次郎先生』です。

それによると、彦次郎は１８６７（慶応３）年、小県郡県村本海野（もとうんの）に生まれました。成績優秀だったらしく、15歳で県尋常高等小学校（以下県小学校と略す）の前身である風声（ふうせい）学校で訓導の職を得た後、長野師範学校に進み、１８８９年から３年間、旧諏訪郡落合村落合小学校（富士見町立落合小学校、２０１３年閉校）に勤務。風声学校から改称した県小学校には１８９２年、今度は校長兼訓導として再赴任し、１９０９年まで18年間の長きにわたって務めました。現在の東御市立田中小学校の校長室には、初代校長として写真が掲げられています。その後、旧更級郡塩崎村（長野市）の塩崎小学校に校長として赴任しましたが、１９１４（大正３）年病気のために退職、中風だったといいます。自宅で療養しながら過ごし、１９２３年に死去しています。享年57歳でした。

彦次郎に手紙を送った兵士たちはほとんど全員が、彦次郎が18年間校長を務めた県小学校の卒業生でした。

兵士たちのふるさとである県村は1889年、本海野（もとうんの）村・田中村・常田村・加沢村が合併して誕生しました。四つの村は千曲川右岸、北国街道に沿った集落で、なかでも本海野村は本陣を備えたこの地域最大の宿場町として、江戸時代後半から宿場機能が後退する明治まで栄えてきました。

明治に入ると、上田小県の各地域は養蚕や蚕種生産、製糸業が盛んとなり、一大養蚕地帯として発展していきました。県村の住民の多くも養蚕に携わる農民であり、ここから戦地に送られた兵士の多くも、もちろん養蚕農家でした。

1893年に信越線が全通、田中駅が開業すると、県村は駅を中心に活況を呈するようになっていきました。ちなみに田中駅は、全国初の請願駅として3年後に大屋駅が開業するまでは、中南信地域への貨物の流通起点として、大いににぎわいました。

田中駅開業の年、県小学校は駅近くの現在地に開校し、同時に校舎も新築されました。しかし、東部町立田中小学校の『開校百周年記念誌』によると「桑の大霜害による生活の困難さから税金の徴収に苦しんでいた加沢・常田・県区の三区より、県尋常高等小学校新築延期の願いが村議会議長に出され」て断念しなければならないほどの窮状だったようです。そうした中、初代校長である彦次郎たちの必死の尽力のおかげで、なんとか新校舎の落成式を迎えています。

開校当初、県小学校の教師は校長以下総勢７人、児童数は尋常科（１～４年生）２４６名、高等科（１・２年生）71名で、就学率は76・４％でした。同年の全国平均が58・７％、長野県では68・１％だったことを考えますと、かなり高い数値です。養蚕の極めて盛んな小県郡の各村々の就学率の高さは全国的にも知られていましたが、それは財政的な裏付けに加えて、教育の重要さが村人によく理解されていたからだといえます。

彦次郎は在職中にさらに二つの校舎増築と雨天体操場を建設、初代校長として学校の基礎を作ることに労を惜しみませんでした。県尋常高等小学校は１９４１（昭和16）年に県国民学校、戦後の１９４７年には県小学校、さらに１９５３年の町村合併により田中小学校に校名を変えましたが、施設の配置以外、学校の場所や通学区などは彦次郎の時代のほとんどそのままの姿を見せています。

2　彦次郎の人となり

それにしても、これほどまでに多くの兵士たちがなぜ、何度も彦次郎に手紙を書き送ったのか、これをどう解釈したらいいのでしょうか。考えられるのは、彦次郎は兵士たちにとって母校の校長という以上に、極めて特別な存在だったということです。単なる儀礼だけでは説明がつきません。

彦次郎に手紙を差し出した兵士たちが県小学校を卒業したのは、小県郡義勇会の編集による『義勇録』の記述から、およそ1877年から1894年ごろと推定できます。彦次郎が校長として在職した期間とおおよそ重なります。1983年に発行された東部町立田中小学校の記念誌『九〇年のあゆみ』によると、この間の全校児童数は少ない年で300名、多い年には600名ほどです。当時、とりわけ農村部の学校では、現在より教師と児童の人間関係がはるかに密であったと推察できますが、担任教師ならともかく、校長と子どもたちが親密な関係を築くには少し人数が多過ぎる気がします。手紙を送った兵士の中には、彦次郎が赴任する前に卒業した児童も含まれています。これほど多くの兵士が彦次

県尋常高等小学校と校長を
務めた頃の小林彦次郎

郎に手紙を書き送ったという事実からは、子どもたちからも地域の人々からも慕われていた校長の姿が浮かんできます。

教師としての彦次郎はどんな人物だったのでしょうか。それを伝える史料はほとんどなく、ただ、前掲『小林彦次郎先生』に「村の小学校の優秀な生徒をすすめて師範学校へ入学させるか、自分の学校の職員として採用した」など、面倒見の良かったというエピソードが紹介されています。

彦次郎自身が書いたものとしては、信濃教育会が現在も発行している雑誌『信濃教育』六五―二（1892）に掲載された「教育奇譚（きたん）」と題した短いエッセイがあります。全部で10編ほどの中から、彦次郎の教師像を彷彿とさせる2編を紹介したいと思います。

（校長として授業を巡視した時、ある児童の帳面の表紙が隷書体で書かれていたのを見て）余（よ）、試みに貴童に学校の習字科には隷書は無き筈なるに如何なれば真面目に楷書に為さずして隷書を用いしぞと問ひけるに、童子訝（いぶか）りて曰く「隷書めきたる表紙の文字が真面目ならずと言はば天下の教科書たる文部省の高等讀本の表紙は戯れで書きたるものに候やと」。余、また謂ふ所をしらず唯独り深く児童の模倣力の非常に強きなるものを心中に感じたり。

つい笑ってしまいそうな話です。このエピソードからは、子どもの話をきちんと聞こうとする態度が読み取れます。今よりもはるかに教師に権威があった時代、しかも校長職にあった人物ならば、命令口調で「口応えするな」などと押さえ込むこともできたはずだと思います。しかし、彦次郎は子どもの言い分をよく聞き、子どももまた物怖(お)じせずに自分の意見を述べています。彦次郎に対しては、どの子も思ったことを率直に言える雰囲気があったのではないでしょうか。この時代の教師としては奇特なタイプだったと言えるかもしれません。こうした交流を経験していたからこそ、子どもたちは長じてからも彦次郎を敬愛し続け、幾通もの手紙を出したと思えるのです。

次の1編からもまた、相手が誰であれ人の意見に真摯(しんし)に耳を傾けていた、彦次郎の謙虚な人柄を感じられます。

天保老人、腕白(わんぱく)なる一頑孫を有せり。一日余と共に学校を参観せしが、校門を出づるや驚きたる面持にて余に語って曰く。「今の学校は舞台の如し。拙者の孫の如きは家にありては怠惰、我儘、悪口雑言実に両親も困り果てたる頑童なり。然るに本日は学校にて私は孝行を致します、善行を為しますと言ひ教師に褒められたり。即ち我孫は先づ本日は孝子の役者を務めたり、家に帰ればまた例の通り……」と。余は独り唯心臓の鼓動を励ませし。学校は舞台にして生徒は役者たれば教師は何と云ふらんとの一掛念なりき。

〈天保老人〉が〈舞台の如し〉と感じた授業は、「修身」だったと思われます。言うまでもなく「修身」は戦前教育の柱。1880年の第二次教育令から教授科目の首位とされ、翌年の「小学校教則綱領」ではその第二条に「小学初等科ハ修身、読書、習字、算術ノ初歩及唱歌、体操トス」と明記されています。中等科や高等科においても同様で、一貫して儒教的な忠孝の徳目が重視されていました。1886年に森有礼文部大臣によって出された第一次学校令では国家への忠誠が付加され、1890年に「教育勅語（教育に関する勅語）」が出されると、それまで以上に国家と天皇への忠誠が強調されるようになりました。

彦次郎がこの文章を書いたのは、教育勅語発布の2年後です。教育勅語は、「一旦緩急アレバ」天皇と国家に対して命を投げ出すことを最高の価値としましたが、その前段では

「爾臣民父母ニ孝ニ兄弟ニ友ニ夫婦相和シ朋友相信シ恭儉己レヲ持シ」という道徳的規範を説いていました。天保老人の〈頑孫〉も、「父母に孝」をしっかりと教育されていたはずです。

天保老人は、自分の孫が修身の授業で、孝行をすると言って教師にほめられたことに対して、〈今の学校は舞台〉であり、孫は〈孝子の役者を務めた〉だけではないかと語っています。この発言を聞いた彦次郎が〈心臓の鼓動を励ませ〉たのは、正鵠を射られて慌てふためいたということでしょうか。なんにしても、彦次郎の受け止めは秀逸です。〈学校は舞台にして生徒は役者〉ではないかという天保老人の指摘を、〈教師は何と云ふ〉と自身の問題として考えているからです。

筆者はそこに、彦次郎の教師としての良心を見る思いがします。「修身」に疑いを持つ教師、ましてや疑問を表明できる校長などほとんどいなかったと思われる時代です。「修身」を学校で教えるとはどういうことなのか、真剣に悩んでいた姿を想像することができるからです。

これらのエピソードから見えてくるのは、校長としての立場や建前に甘んじるのではなく、まずは一個の人間として子どもたちや保護者に真摯に接していた彦次郎の姿です。ちなみにその風貌については、当時在籍していた児童が『開校百周年記念誌』に、「校長は本海野の小林彦次郎先生、何時もフロック姿の髯（ひげ）の温厚な先生でした」と書いています。

３　どんな手紙が届いたのか

５５０通の内訳は、はがきが約３００通、封書が約２００通、郵便書簡が50通です。その中には、封筒のみで中の便箋がないものや連名で差し出されたものが含まれています。また、彦次郎が戦地の兵士に送り、宛先不明で戻ってきた４通もあります。この数は、部隊や兵士は戦況によって移動することが珍しくないことを考えれば、むしろ少ないかもしれません。

前掲『義勇録』によると、県（あがた）村から日露戦争に従軍した将兵の数は83名。内訳は将校が1名、下士官14名（准士官を含む）、兵卒が68名です。彦次郎の手紙アルバムには、65名（隣接する大屋村と滋野村の計2名含む）分が収められています。破棄や紛失があるとは考えられず、出征将兵の78％が彦次郎に手紙を出したことになります。

この数字は明治中期の県村の就学率とほぼ同じで、なかなか興味深い数値です。下士官と将校の15名は全員が、兵卒は50名が手紙を出しています。これだけの数の将兵が母校の校長に差し出したという事実に改めて驚かされます。しかも、多くが複数回送っているのです。

数が最も多いのは、彦次郎の義理の弟、横関伊勢太郎からのもので44通です。次いで32通の掛川伊勢次郎と続きますが、掛川は封筒のみ残るもの（写真在中との表書き等あり）が10通ありますので、これを足すと横関とほぼ同数となります。この二人は名前から推測できるように兄弟であり、伊勢次郎は掛川家に養子に出ています。差出人全員の氏名と郵便物の数は巻末の表にまとめました。

戦地からの郵便物は、その消印から判断しておおよそ7日から14日で彦次郎の元に届いています。国内から戦地へ送る場合は、もう少し日数がかかっています。海外の戦地という事情を踏まえれば、比較的スムーズに運ばれたと考えてよいでしょう。往復の日数や手紙を書くのにかかった時間などを考慮すれば、横関など、かなり頻繁に出していたことになります。軍事郵便の総数が膨大になるゆえんでしょう。なお、国内兵営からの郵便物の多くは、投函した翌日には届いていました。当時の交通事情などからすると驚くべき速さです。この時代には、郵便制度が完全に機能していたといえます。

手紙に書かれている文字は、近世の一般的な書流である御家流（おいえ）が比較的よく使われています。かなりの達筆もある反面、自己流のくずし字や送り仮名の誤りなども多々見られます。そうしたこともあり、解読にはかなり手間取ったのですが、それぞれの手紙には兵士たちの個性があふれ、何度読み返しても飽きることはありませんでした。

注目したいのは、多くが「拝復」から始まっていることです。なかなか返信を出せないでいる間に、また新たな手紙をもらったことをわびているものも少なくありません。つまり彦次郎は、戦地にいる数十名の兵士たちにかなりの頻度で手紙を出していたことがわかります。手紙だけではなく新聞や薬品なども慰問品として度々送っていました。彦次郎からの便りがどんなにか戦地の彼らを喜ばせ、励ましたことか。兵士からの手紙には彦次郎への謝意があふれています。

彦次郎がこれら大量の郵便を大切に整理、保管していたのはなぜだったのでしょうか。ひとつ考えられるのは、教育者としての良心や責任感があったということです。かつての自分の教え子や郷里から出征した若者たちがはるか異国の地で命を賭して戦っている、戦地から自分を慕って手紙を書き送ってくれる、そのことへの並々ならぬ労り（いたわ）と感謝の気持ちがあったのではないかと思うのです。そして、その気持ちは生涯消えることはなかったでしょう。

手紙はすべて彦次郎の孫にあたる小林今朝則氏が所有していましたが、その後、今朝則氏の弟の関文彦氏の管理下になりました。筆者が関氏から手紙解読の依頼を受けたのは2014年のことです。ひと目で貴重な史料であると確信したことを覚えています。筆者を交えた関係者で検討した結果、以下のことが決められました。

1　将来的には、地元東御市の公文書館などの公的機関に寄贈もしくは寄託する。
2　現在の体制ではそのまま収蔵される可能性が高いので、筆者が解読し、目録を作成する。
3　2をもとに筆者が解題を書く。

3については、雑誌『信濃』2018年3月号に「旧小県郡県村出身の兵士たちのみた日露戦争」という論文を掲載しました。

次章からは、手紙の内容をもとに、戦闘の様子や兵士たちの置かれた戦場の実態などについて、貴重な生の声をひも解いていきましょう。

第2章

戦場へ

１　入営

　県村（あがた）出身の兵士たちの多くは、村を出るとまず、群馬県高崎の第十五連隊に入りました。高崎連隊は、西南戦争後の軍備強化にともない、１８８４（明治17）年に創設された陸軍の部隊で、群馬・埼玉・長野県の出身者を中心に編成されていました。一般に軍隊というと対外戦争を想起しますが、高崎連隊の場合は創設直後に起きた秩父事件の鎮圧が最初の出動で、地元の農民を中心にした一揆を相手に戦いました。

　初の海外出征は１８９４年の日清戦争でした。清国軍の拠点であった遼東（りょうとう）半島の金州（きんしゅう）城での戦闘に参加し、この時、県村出身兵士１名が戦死しています。

　日露戦争で高崎連隊に動員令が下ったのは、１９０４年２月10日の宣戦布告から、約１カ月後の３月６日でした。

　宣戦布告の翌日、宮中に設置された大本営は、以下のような陸軍の作戦計画を立てました。まず韓国に上陸して占領、そこから北を目指す第一軍と、遼東半島を制圧してからロシア軍の一大拠点であった遼陽を目指す第二軍の双方が協力して満州を制圧するというものでした。しかし、第二軍が予想以上の苦戦を強いられたこともあり、それらを補完する目的で同年6月30日、新たに第三軍と第四軍が編成されます。第三軍は、国内で編成された部隊にそれまでの第二軍の一部を加えたものでした。県村出身者は、一軍から四軍までそのすべてに配属されました。

　高崎連隊は当初第二軍に属し、遼東半島北部の南山の戦闘に参加しました。第三軍の創設以降は乃木希典（のぎまれすけ）率いる第三軍に配属されました。いずれも激戦地に投入されたため、総計568名の死傷者を出しています（高崎市公式ホームページ「たかさき一〇〇年」）。

　高崎連隊は早い時期から死傷者が相次ぎ、また脚気（かっけ）など重篤な疾病にかかって亡くなるなどで戦線を離脱せざるを得ない兵士が相次いだため、直ちに兵力不足に陥りました。兵員不足は高崎連隊に限らず、そのため兵役を終えた後備（こうび）兵が再度召集されることも珍しくありませんでした。高崎連隊に召集された後備兵の中には、県村出身者が5名いました。最年長は日清戦争にも従軍したことのある荻原喜助で、この時33歳でした。

　高崎連隊以外では、東京の近衛師団や東京の第三連隊、東京湾要塞（ようさい）砲兵連隊、さらには北海道の第二十五連隊などに配属された兵士もいました。天皇直属の部隊である近衛師団の兵士は国外には出征はしないと思われがちですが、ロシアとの大規模な戦争ということで、開戦当初より第一軍に組み込まれていました。少数ですが、海軍に配属された兵士もいました。

いずれの部隊に配属されようとも、兵士たちは故郷での盛大な見送りを受けて、指定された連隊の宿営地に向かいました。彦次郎宛ての手紙には、盛大な見送りへの感謝が綴られています。餞別（せんべつ）を贈られたことへの謝辞もあります。

なお、本書で引用する軍事郵便や当時の史料は、読み下し文にした上で、句読点を付け加えたりカタカナ表記をひらがなに改めたり、また旧字を当用漢字に直したり必要な文字を補ったりして読みやすく改めてあります。（　）内は筆者による補注です。また、現地の地名は当時の日本語読みを基本とし、手紙に記載された日付け、もしくは差し出し局の消印の日付けを明記して、その手紙が書かれた時期を明らかにしました。氏名上の所属は本人が記したものです。

明治37年8月10日

小生出発の際は一方ならぬ餞別に預かり、且つまた遠路見送り下され有り難く御礼申し上げ候。お陰をもって道中無事に表記の隊へ入営つかまつり候あいだ御安心下され候。

（歩兵三連隊補充大隊第五中隊第四班　中島尚重）

明治38年2月21日

去る十九日出発の時には種々御厚情に預かり、なお餞別たる御厚志まで頂戴し、面目もなく感謝たてまつり候。小生も異状無く表記の中隊へ編入つかまつり候につき、皆々様へよろしく御伝言くだされたし。まずは取りあえず御しらせ御礼まで申し上げ候。

（高崎十五連隊補充大隊第三中隊第七班　武田光夫）

入営の挨拶状は、どれもほぼ同じ内容なので手本があったのかもしれません。活字で印刷したものもありますので、既製品の存在も考えられます。

日露戦争に出征したのは、日本の男子総人口の約4・5％でした。アジア太平洋戦争時の〝根こそぎ動員〟と異なり、抽選で選ばれたというか当たってしまった若者で、多くは農家の二、三男でした。明日をも知れない戦地に向かうわけですので、送り出す側は彼らのために、できることを精一杯やってやろうと考えたのは、むしろ当然だったのかもしれません。盛大な見送りは上からの指示というより自発的に行われたものと考えられます。

民俗学者の宮本常一が聞き書きした愛知県旧名倉村の古老たちの話にある「万歳峠」の話を引用します。

万歳峠というのはな、村の者が兵隊を見送っていくのに、峠の上までいって万歳をとなえたのではまことに愛想がない。（中略）そこで峠の上から六、七丁もこちらへ下った市場口の北のはずれで見送ることにした。そこで万歳をとなえる。行くものはそれから歩きながら手をふる。こちらも立って手をふる。道が曲がって姿が見えんようになるまで、しばらくは時間もかかる。まァ、名残りを惜しむというようなわけで。

（宮本常一『忘れられた日本人』）

同様の光景は、日本各地で見られたことでしょう。県村には「万歳峠」はありませんが、おそらく田中駅が「万歳峠」の役割を果たしていたと思われます。

見送られる兵士の心中はどうだったのでしょうか。二度と故郷の土は踏めないかもしれない、そうした大きな不安に包まれていただろうことは容易に想像できます。その一方で、村人の万歳に感激し、期待に応えるべく軍功を上げなければ、といった使命感らしきものも感じていたでしょう。こうしたプレッシャーは、例えば負傷して戦地から送り返された兵士の多くが、恥ずかしくて申し訳ないという趣旨の手紙を書き送っていることからもわかります。

明治37年12月23日
申し上ぐるも誠に面目なき次第。遂に召集解除を命ぜられ、去る二十一日復員つかまつり候に付き、この段鳥使（取り急いで）御通知かたがた御礼申し上げ候也。末筆ながら職員御一同様へよろしく願い上げ候。

（野戦第一師団工兵第一大隊第一小隊　掛川梅三郎）

掛川は１９０４年６月、遼東半島の大連近くの張家屯に上陸し、第三軍の指揮下に入りました。しかし、旅順攻囲戦の直前に脚気にかかり、ほとんど戦闘に参加することなく送り返されています。その後回復が見込めず除隊となっており、そのことを〈申し上ぐるも誠に面目なき次第〉と感じたようです。しかし、１９４１（昭和16）年１月８日に東條英機陸軍大臣が全軍に示達した「戦陣訓」ほどの狂気はここにはまだ見られません。「戦陣訓」といえば、「生きて虜囚の辱めを受けず」として名誉の戦死を強制し、捕虜になることを否定したため、勝敗に無縁な玉砕を広範にもたらしたことで有名です。「戦陣訓」には、次の一項もありました。

戦陣病魔に倒るるは遺憾の極なり。特に衛生を重んじ、己の不節制に因り奉公に支障を来たすが如きことあるべからず。

戦場で病気に罹(かか)ることも〝自己責任〟といわんばかりです。

2　兵営にて

日露戦争は日清戦争に比してはるかに規模が大きく、動員兵力数も4倍以上の108万名を超えました。小県郡戦没者遺族会の調査によりますと、小県郡でも日清戦争の約400名に対し3100余名が従軍しました。その数の多さは、兵営に入った兵士たちも実感していました。

明治37年5月8日
応召員四日間に八千以上の大多数に達し、その雑踏のはなはだしきは実に閉口つかまつり候（中略）。聯隊編成は四隊に区分し、未だ全部編成を終了せず。小生は何隊に属すや確定つかまつらず候。
（東京湾要塞砲兵連隊　宮坂喜平治）

宮坂の配属された東京湾要塞砲兵連隊は、隊名が示す通り東京湾全域を警備し、海からの攻撃から首都東京を守るという任務が与えられていました。東京湾各地には巨大な砲台や要塞が築かれており、宮坂が見た通りの大部隊でした。しかし、犠牲者続出で兵力不足に陥っていた旅順攻囲の戦闘に途中から動員され、1904年10月に宇品港から大連に向けて出発しました。旅順攻囲戦はじめ一連の戦闘では生き延びましたが、戦闘終了後の翌年9月8日腸チフスにかかり、現地の病院で死亡しています。28歳でした。

入営した兵士たちには、2カ月から3カ月の訓練が課されました。軍隊内では入営早々“娑婆の垢を落とす”と称して、暴力や制裁あるいはイジメなどが日常的に行われていたことはよく知られています。とりわけアジア太平洋戦争においては、野間宏が小説『真空地帯』で告発した通り、標的とされた兵士が自ら命を絶つほどの理不尽な暴力や不正が横行していました。日露戦争時の兵営ではどうだったのでしょう。それを知る手がかりがあります。

明治38年3月17日

八時二十分消灯ラッパの声にて直に就床をなす。もし少しにても遅くなれば直に大喝一声（大声でしかりつけること）……軍隊は実際厳重なる極めて秩序あるところにして欠礼、出過ぎたる事、ノロノロしておると直にコラ、ズルイ奴ダの言の終らぬうちに渋川流ゲンコ……しかし僕は未だ一回も御見舞頂戴致さず候あいだ御安心下されたく候。

（すぐにゲンコが飛んでくるのは）これもつまり長上を敬ふ、何でもかんでも長上には従へと云ふことと信じおり候。しかし千有余名の青年を教育するところであるからこれ位厳格でなければ到底制度は付かぬかも知れず候。しかし家に居たらと考へると……!!!　しかしすでに一度こう軍服を着たからには跋山盡誠（気力盛んな様子）の勇ある好男子も、ヘイヘイ致し否ハイハイ致しおり候で、入営以来戦況が少しも分り申さず何が何やら少しも知るを得ず。いわゆる篭の鳥とか申す者。呑月先生？もいよいよ軍人すなわちソルジャーに相成り候。

（野戦砲兵第十七聯隊補充大隊第二中隊第二種兵　小田中丈夫）

渋川流とは、江戸初期の渋川伴五郎を始祖とする武術の流派のことです。〈渋川流ゲンコ〉の具体的な内容などはよくわかりませんが、一般名詞のように使っているところをみると、当時は比較的よく知られていたのかもしれません。

〈何でもかんでも長上には従へと云ふことと信じ〉には、いっさいの理屈抜きに上には従った方が得策だと自分自身に言い聞かせているように取れます。

小田中の手紙は全部で22通ありますが、17通が本名の小田中丈夫、小田中松葉の名で出したものが3通、ほかに小田中呑月の名で出したものが2通あります。名前の使い分けに法則性などは感じられませんが、全体の筆致にはジョークを多用するなど気持ちの余裕が感じられます。また、〈ソルジャー〉といった単語を使ったり、ほかの手紙ではアルファベットで署名しているものがあったりしますので、英語に接したことがあるのでしょうか。こうした表記が出てくる背景と考えられるのが、小田中の出征した時期です。国内兵営に召集されたのが1905年2月、大陸に渡ったのは同年8月です。つまり、この時にはすでに講和が具体化しており、しかも砲兵ですので戦死の可能性が極めて低かったからだと思われます。

兵営内を紹介した手紙の中には、絶対的な上下関係について述べたものや、兵士に与えられた賞罰について書かれたものもありました。

明治37年6月15日

ひとつ唸(うな)りましたから御笑ひ草に。敵よりも恐るるものは、上官の光る目と号令の声。

(出征後備歩兵第十五聯隊第二中隊広島県安芸郡海田町ニテ　宮坂由三郎)

明治38年3月12日

この頃、所君と僕は幸いに優等兵の内に記名とやら加名やら致され候。未だ一度だに殴打の悲劇に二人とも遭わず、つつがなく軍務にまかりあり候ところ他事ながら御安心下されたく候。

(高崎十五連隊補充大隊第三中隊第七班　武田光夫)

訓練の内容について書かれたものもあります。

明治38年6月6日

我々の中隊は一月に入営致した兵士四拾人輸卒(ゆそつ)（輜重(しちょう)の輸送を行う雑卒）七人。吾々の友兵が九拾九人に馬が五拾四頭。三十一年式速射砲六門と弾薬車三車と馬九頭で当隊を四月七日、八日に千葉県印幡郡四ツ街道の下志津の原へ実弾射撃演習に出発致し候ところ、実に戦地へ出征し露助（ロシア兵）と戦致す心持ちにござ候。

（野戦砲兵第十四聯隊補充大隊第一中隊第二班　田中市郎）

明治38年6月25日

二等卒も無事毎日人殺しの訓練に余念これなし。小生なども去る十五日まで十日間、下志津原にて実弾射撃をなし、十六日は雨のなか八里の道を蝋人形のようになりて帰り、目下第一期検閲中にござ候。

（陸軍砲兵二等卒　小田中松葉）

小田中はかなりくだけ得た調子で書いていますが、〈人殺しの訓練に余念これなし〉とはかなりストレートな表現です。軍隊の本質といえばそうなのですが、訓練中に得た実感だったのでしょうか。

明治38年4月7日

小生ら十七聯隊の出発は朝三時に屯営発。午前拾時舟橋駅にて敵役の近衛騎兵と戦闘、約一時間の長さに渡り、我が隊は午前拾壱時半、我砲兵の援護を受け敵を検見川千葉町方面に退却させ、それより翌日我一隊は勇を鼓して（勇気を振り絞って）弾丸雨飛（うひ）（雨のようにそそぎ飛ぶ）の中を奮撃（力を振るって敵を撃つ）突進しての陣地に進行し、敵の特務曹長を俘虜となす。

（出征近衛第一旅団騎兵第拾三聯隊　松林吉之進）

入営した兵士の訓練は、銃の扱い方や団体行動などの基礎的なものから、敵味方に分かれて実践さながらの演習などがあったようです。捕虜として収容されたロシア兵を見学することもありました。こうした訓練を積み重ねて、ごく普通の農民に過ぎなかった彼らも、兵士としてロシアと戦う心情が高められていったと考えられます。

訓練期間が終了した部隊には、順次動員令が下されました。ほとんどの兵士にとって、初めての出征ゆえに、何としても家族や親類縁者に伝えたいと考えたのは当然のことでしょう。しかし、この時点での戦闘は、空想の域を出ないものでした。威勢のいい〝決意表明〟が多いのは、それゆえかもしれません。

明治37年7月17日

本村の兵士は皆出発し、或いは戦闘したり或いは守備でいる諸君もあると推察つかまつり候。しかし、我が隊に於いても補助輪卒は随分入隊し、七日をたたずに人夫として出発し、また来たる拾七日には第一補充兵入隊致すという話にござ候。また現役輸卒の卒業二ヶ月にて直ちに戦地補充に出発し、また吾々新兵も第二期の倹閲を修業し、漸く一人前の兵卒とあいなり成候（中略）。出発を命じられたら犬馬の労（命がけで働き）を国家に盡し、武命を千軍万馬（戦場）の間に捨つるは平生（日頃）予めの希望にござ候。

（東京四谷輜重兵第一大隊補充中隊第拾弐班　小野今朝造）

「補助輪卒」の訓練期間が〈七日をたたずに〉とは、その短さに驚かされます。小野の〈犬馬の労を国家に盡し、武名を千軍万馬の間に捨つる〉は、検閲や恩師への礼儀などに配慮したいわばよそ行きの表現である点を割り引いても、兵営での訓練期間中に醸成された意識をそこにみることができます。

次の手紙もまた、悲壮なまでに戦死の覚悟を伝えています。

明治37年8月7日

急拝　待ちに待ちたる動員令も、先月四日午後四時下され候ゆえ至急御通知申し上げようと思い候。私は御都合があって本日まで御無沙汰いたし候あいだ、この段御通知申し上げ候（中略）。私は軍務に従事致し戦死致さんと思って勇気をもって戦地に向かひ、敵を追い払って国の為、君の為に努め、命の続く限りは努めると思い候ゆえ、この段御別れまで。マツゴの筆にて御通知申し上げ候也

（野戦歩兵第二十五聯隊第二中隊野戦隊喇叭手　宮下古光）

自分に敬語を使うなど表記に不自然さがありますが、さほど気にはならないのは、宮下の懸命なまでの思いや覚悟が伝わってくるからでしょう。小野もそうであったように、兵営訓練はこうした決意をするまでにその心情までをも教育したのでしょうか。

宮下が〈マツゴの筆〉をどこまで切実に意識していたかはわかりません。しかし、この手紙を出した約４カ月後の12月３日、二〇三高地の戦闘に於いて「前額部盲管銃創」のため戦死。22歳でした。

以下、兵士の死因や享年は小県郡義勇会の『義勇録』によります。

3　全国規模の見送り

高崎第十五連隊に動員令が下った9日後の3月15日に検閲が行われました。ここでいう検閲とは出征前の最終チェックとでもいうべきもので、連隊全体の風紀、服務、教育、武器弾薬の管理、動員計画などの良否を上級機関が点検したものです。高崎連隊は当初、第二軍第一師団に所属していましたので、検閲官は第一師団長の伏見宮貞愛親王でした。

検閲が無事行われたのを受けて、第一陣の兵士たちは3月20日、高崎市民の大がかりな見送りを受け、高崎駅を出発。東京経由で東海道線を西に下り、広島宇品港を目指しました。東海道線の始発駅だった新橋駅でも、また盛大な見送りがあったようです。

小県郡傍陽村の蚕種商、堀内次郎は、1905年1月20日から同年5月31日まで付けていた「日露戦役従軍日誌」に新橋駅の見送りの様子を記しています。

> 一月二十日午後六時二五分新橋発車。実父、三郎、国助、伝及び柳沢代次郎君の見送を受く。東京市の見送り実に盛大にして楽隊あり烟火（花火）あり。その盛況筆紙の

尽くす処にあらず。

堀内は山梨県甲府市にあった第四十九後備歩兵連隊第三大隊に入営していました。日記には行程や戦闘、宿営地での詳細な記録が書かれていますが、その後の堀内の行動については全くの白紙です。

新橋駅に限らず、主要な駅や沿線では出征兵士が通過するその都度、盛大な見送りのセレモニーが行われました。兵士たちには大規模なエールや餞別までもが送られました。この光景を目の当たりにした多くの兵士たちが、その感激ぶりを彦次郎に書き送っています。彼らにとって、こうした見送りは銃後といわれた一般国民との距離を一気に縮めたものと思われます。そして戦場で〝活躍〟する決意をいっそう高めたことは容易に想像できます。

もちろん彼らは、村を出る時にも盛大な見送りを受けていましたが、それはあくまでも身近な顔見知りの村人の声援でした。それに対し、鉄道沿線や主要な駅の見送りに集まった人々は全くの他人でした。会ったことも見たこともない大勢の人々が自分たちの出征に盛大にエールを送ってくれる姿に、なぜ自分たちは戦場に向かうのかの疑問すら氷解させるほどの自分と国民、自分と国とを一体化させる感情が一瞬にして沸き上がったと思えるのです。

こうした出征と見送り風景が何度も繰り返されたのは、逐次兵力を投入せざるを得なかったことによります。その原因は、ひとくちに言えば海軍と陸軍との間に軋轢（あつれき）があったことや大本営の戦局への見込み違いなどでした。

開戦当初出征したのは、第一軍と第二軍という編成でした。この時点では旅順攻囲戦はまだ日程には上っていませんでした。海軍は旅順港を閉塞することによって港内のロシア艦隊の動きを封じ込めることができると確信し、陸軍の力は必要ないと考えていたからです。しかし、三次にわたるこの作戦はことごとく失敗、旅順攻撃のための第三軍が急きょ編成されました。

第三軍を送り込んだ大本営は、当初8月末には旅順のロシア軍要塞占領が可能との目論見を立てていましたが、その予定も大幅に狂いました。一進一退の攻防を余儀なくされたばかりか、攻撃のたびに大量の犠牲者が出て、それを補うべく次々と新たな兵力が投入されました。

いっぽう北上していったロシア軍を追撃していった第一軍や一部を第三軍に割かれた第

二軍、第四軍にも多くの犠牲者が続出、それを補うべく新たに兵士が必要とされていきました。
高崎連隊も、第三軍の旅順攻囲戦に新たな部隊を送り込まなければなりませんでした。次の宮崎堅吾もその一人でした。１９０４年12月７日早朝に高崎駅を発ち、12日に宇品港から出港、16日に大連に到着しています。宇品港乗船直前に出された手紙です。

明治37年12月９日

東京より留守第一師団長矢吹秀一閣下来臨に相成り、無事検閲相済み申し候。終りて講評に相成り候ところ、教官のよろしきを得たる。なお我々の所属する第三中隊が一番にてこれあり候（中略）。喜びおり候ところ（中略）中隊長より七日戦地に出発の大命を受け申し候。七日朝四時高崎停車場出発つかまつり候。途中到るところ見送人にて万歳万歳の声は天をもつくさまにてこれあり候。中でも小学校生徒が可愛き手を打ち、或いは軍歌にて（見送る様を見れば）身は戦地に参り落命するとも名残はこれなきと思ひ候。東京大阪京都名古屋神戸兵庫姫路岡山は大停車場のこととて、また格別の集まりにてこれあり候。本日午前九時二十分無事廣島着つかまつり候。

〈征露途廣島ニ於テ　歩兵第十五聯隊第八中隊　宮崎堅吾〉

宮崎もまた広島到着までの間、とりわけ東海道線の〈大停車場〉に見送りに集まった群衆の〈天をもつく〉〈万歳〉の声に感激していました。中でも小学生たちが〈可愛き手を打ち〉〈軍歌にて〉見送ってくれたことに深く心を揺り動かされています。子どもたちがあらん限りの大きな声で兵士たちに声援を送り、軍歌を歌っている姿が目に浮かぶようです。

子どもたちの軍歌熱唱の陰には教師の指導があったはずですが、自発的にも〝兵隊さんのために〟と声を張り上げたものと思われます。それゆえ〈戦地に参り落命するとも名残はこれなき〉とまで感激して言い切ったのでしょう。どこまで戦死を覚悟していたのかわかりませんが、それは現実のものとなりました。翌年3月3日、奉天の会戦で「頭部貫通銃創」のため戦死。21歳でした。

このような各地で頻繁に見られた熱狂的な見送りが兵士の戦闘意欲を高めたことに改めて着目したいと思います。つい数カ月前までごく普通の農民だった者たちです。いくら兵営で訓練を受けたとはいえ見知らぬ相手を殺戮（さつりく）できるようになるまでには、いくつもの契機があったはずです。見送りもまた、その重要な一要素でした。殺戮を正当化する強力な方便が〝正義の戦争〟でしたが、盛大な見送りという可視化された国民の声援は、改めて兵士たちにそれを裏付けたと思うのです。次もまた見送りに感激した兵士の声です。

明治37年6月1日

途中沿線の送迎のおおよその様子を少し申し候に、田を耕す者や車を引くもの、茶を摘んでいる女から麦刈る老婆に至るまで、列車の進行を見つけた時は転んだり起きたりしながら駆けつけ来たり。慈母の懐にいる幼い子どもまで、双手を挙げて万歳を唱え候。甚だしきは地に伏して両手を合せおるなど思はず粟肌の感に打たれ候。路傍各地も皆々かくの如くなれば、学校生徒は申すに及ばず各停車場は立針の位置もこれ無き程にて、その厚遇とても筆紙に尽くすあたわざるところにて、麦茶御守または手拭いハガキなど数多く贈与せられ、とりわけ神戸京都などにてはいくらか時間もあるので（中略）貴婦人令嬢が兵士らの汗に汚れし手拭いまで洗いくれる。また、何市長何大尉などの高等官まで一同脱帽にて敬礼致されおり候には実に感極まってひそかに涙を流し候。その後も大同小異、家人さながら狂喜の有り様にて夜通し歓迎致さるなど実に敵愾（てきがい）心が溢れるように見受け候。その他のこともご推察下され候。かかる景情なれば二百何十里、百廿五の停車場もある長き道のりも倦厭（けんえん）（飽きていやになること）の情にかられたることもこれなく、誠に愉快に到着つかまつり候。

（第一師団補助輸卒隊第十二隊三小隊八部隊　桜井国二）

桜井の見た沿線の光景も、戦場で活躍する決意を大いに高めたはずです。老若男女あらゆる人々が、中には土下座して拝む姿に〈粟肌〉さえ立っているのですから。おそらくそれまで見たこともなかったような大勢の人々が、自分たちのために集結してくれている、その姿を目の当たりにして、〈筆紙に尽くすあたわざる〉と感動したのも大袈裟ではなかったでしょう。

さらに彼にひそかに涙を流させたのは、普段なら仰ぎみることしかできない〈貴婦人令嬢〉が〈兵士の汗に汚れし手拭いまで洗いく〉れたり〈何市長何大尉などの高等官まで一同脱帽〉している姿でした。そんな光景が一カ所だけではなく、通過する先々の駅で繰り広げられれば、桜井に限らず、ほとんどすべての兵士の気持ちが高揚したことは想像に難くありません。この国民の熱狂は、兵士たちにとって国家そのものの姿でした。見送りは、国家と自己を同一化させるに十分な装置だったのです。

明治37年3月24日

当隊は去る廿日午後九時出発。途中沿道各駅熱盛なる歓声に送られ万歳万歳の中に無事廿三日午前九時半広島に到着つかまつり候（中略）。東海、関西地方の官民歓迎の盛なる。或いは茶菓または切手、ハガキなどその他種々様々の寄贈にて実に満足の至り。かかる人々の熱盛に対して、吾々も出征軍として一撃の下に彼の露軍を掃攘（払い除く）せねば実に面目次第もこれなき義と存じおり候。

（野戦歩兵第十五連隊第十一中隊第二小隊　田中藤之丞）

田中の手紙もまた、見送りが戦場での決意を新たにさせたことがわかります。田中は〈露軍を掃攘〉しなければ〈面目〉が立たないと決意しているのですから。それもまた、自己と国家を重ね合わせたからでしょう。

4　玄界灘を渡る

広島駅に到着した兵士たちは、大型船の発着できる宇品(うじな)港へ鉄路で向かいました。この6キロの区間は、日清戦争開戦直前に突貫工事で完成させた軍事用路線でした。日露戦争の際にも全国各地の部隊が続々とここに集結しました。ただ、大陸に渡る輸送船には限りがあり、兵士たちは乗船の順番を待って、広島や宇品で待機していました。

広島は、日清戦争の際には明治天皇がここに移動して大本営が置かれ、その後も軍都として発展していましたので、県村(あがた)から出征した兵士たちにとっても馴染み深い地名だったと思われます。なお、全国から広島へ集結する鉄道路線は国鉄と民鉄が混在していましたので、それを煩雑だと考えた政府は、1906年に幹線鉄道を国有化しました。

兵士たちを乗せた船は、宇品港から瀬戸内海を西へ航海、関門海峡を通過して玄界灘に出ていきました。長野県出身の兵士たちにとってほとんどは初めての海であり、まして戦場への出港ですので、いやが上にも気持ちを高ぶらせたことでしょう。広島や宇品でも盛大な見送りがありました。国内最後の夜ということもあり、感慨もひとしおだったと思われます。そのためか、広島や宇品から出された手紙も少なくありません。

しかし、開戦当初の大陸への航海は大変に危険でした。日本海軍が、旅順やウラジオストックに拠点をもつロシア海軍と制海権を巡って激しく争っていたからです。特にウラジオストックのロシア艦隊はしばしば日本近海に現れ、佐渡丸など日本陸軍将兵を運んでいた多くの貨客船に魚雷で攻撃していました。

中でも多くの将兵が犠牲になった常陸丸の撃沈は、軍首脳部はもちろん、国民全体に大きなショックを与えました。常陸丸は欧州航路用に作られた日本郵船所有の貨客船で、当時としては最新鋭の大型船でした。日露戦争が始まると、陸軍の将兵輸送を担っていましたが、1904年6月15日、ウラジオストック艦隊から三度にわたる攻撃を受け沈没させられました。その際に1000名を超える将兵が犠牲になっています。相次ぐウラジオストック艦隊の攻撃に対し、有効に反撃できない第二連合艦隊に対して世論は激高しました。そのため、司令官の上村彦之丞宅が投石される事件なども起きています。

相次ぐロシア艦隊による日本艦船の撃沈で、兵士輸送計画はしばしば変更されました。次の兵士の手紙からもそれはわかります。

明治37年6月28日

去る十五日、出征の事に確定候。折柄（ちょうどその時）、たまたま玄界洋の沖之島附近に於いて我が運送船の常陸丸ほかの遭難の報に接し、このため又々出発延引とあいなり候ところ、昨廿三日いよいよ徒歩、砲兵第一大隊のみ当軍港で乗船、出港の下命あり。同日午前、兵営の庭に整列、隊伍を整然として屯営を出発。午後〇〇地へ向け出帆致し候。出発の際は町内有志者や學校生徒などが営内で見送り、學校生徒は軍歌を奏し、町人は万歳を三唱し随分盛送を極め候。

（東京湾要塞砲兵連隊　宮坂喜平治）

目的地を〇〇地と伏せ字にしているのは、検閲を意識しての判断でしょう。この攻撃に対し、日本艦隊は必死になってロシア艦隊を捜索、反撃を加えようとしました。しかし、霧で見失うなどして失敗続きだったのが現実でした。日本海海戦での勝利のみが大きく喧伝される日本海軍ですが、開戦当初はロシアに制海権を奪われ、大きな犠牲を出していたのです。次の手紙も、玄界灘を渡る苦慮を伝えています。

明治37年8月31日

六月廿日、廣島を出発し宇品に至る。午後二時三拾分安藝丸に乗船、即時出帆。廿一日馬関（下関）に着。三時間定泊。玄界洋は危険の恐れがあるため、引返して進路を転じて九州を一周して五嶋列島と朝鮮国の間を進行し、廿四日午後六時烟台港に着く。

（東京予備病院渋谷分院第一区第一号室　小林益雄）

〈九州を一周して〉というと、大分県から宮崎県沖、鹿児島県沖を通り、東シナ海に出ることになり、大変な時間と燃料がかかることになります。それほどまでに、ロシア艦隊を恐れていました。

そうして着いた戦場でしたが、小林は7月27日、始まったばかりの旅順攻囲戦で負傷して軍の病院に後送されました。この手紙は入院中に出されたものです。手紙は、出発してから上陸、戦闘で負傷して入院するまでを時系列的にまとめています。引用したのはその冒頭部分です。

ちなみに前述のウラジオストック艦隊への反撃ですが、１９０４年8月14日に成功しています。この日、第二艦隊がようやくウラジオストック艦隊を発見、猛烈な攻撃を加えました。これによりほぼ壊滅状態に追い込み、ようやく日本海の制海権を手中に収めました。それでも、兵士たちにとって荒れると知らされていた玄界灘を無事渡れるかどうかは大きな関心事だったようです。次の手紙は、予想よりも海が穏やかだったため、逆にそれが印象に残ったのでしょう。

明治38年5月1日

広島に到着致し、四泊の上二十四日午前十一時宇品港を第二多門丸にて総員一千八百人乗り、船中無事にて四夜を明し、名に高き玄界灘も波おだやかに過ぎ、昨二十九日或る一部は大連湾に、或る一部は柳樹屯(りゅうじゅとん)に上陸致し候。

(出征近衛第一旅団騎兵第拾三聯隊　松林吉之進)

こうして、兵士たちは次々に大陸に渡っていきました。高崎や東京の屯営地を出発してから宇品港まで短くて約2日間、宇品港から大連周辺の上陸地点までは平均3日間の船旅でした。しかし、その先の戦場までは、重い装備を背負って行軍しなければなりませんでした。玄海灘を無事に渡れたとしても、それは厳しい戦闘の序章に過ぎなかったのです。

第3章

戦闘と兵士たち

1　鴨緑江渡河作戦から鳳凰城占領

県村出身兵士たちは、前述したように、陸軍の第一軍から第四軍までのすべてに配属されていました。したがって、日露戦争の主だった戦闘、すなわち鴨緑江渡河作戦、遼陽攻撃、南山攻撃、旅順攻囲戦、奉天会戦などには必ず誰かが参加していました。そればかりか、これらすべての戦闘について、目の当たりにしたことを手紙に書いているのです。

もちろん彼らは作戦に関与できるわけでもなく、戦闘の全体像を知る立場にもない一介の兵士でした。手紙は自己の体験に基づいた範囲内のものであるのは言うまでもありません。しかし、死と隣り合わせの戦場に立った者しか書き得ない臨場感にあふれ、それぞれの戦闘の概要をある程度再現することができるため、極めて貴重な史料と言えます。

手紙の多くは、戦闘が一段落した時に書かれています。記憶が鮮明な時のものだけに、生々しい内容のものが少なくありません。なかには戦闘直前の多忙を極めているはずの時間に書いたであろうと思われる手紙もあり、よくそんな時にとも思われますが、余裕のなせる技というより生死の境にあったからこそ書かずにはいられなかったのかもしれません。自らの安否を故郷の人々に伝えたいという切実な思いのほか、次の瞬間にも命を落とすかも知れないという刹那、自らの生を確認したいという思いが高まったとも考えられます。

驚かされるのは、筆記具の多くが毛筆という点です。ペンや鉛筆で書かれているものもありますが、毛筆が圧倒的に多いのです。筆はともかく墨や硯はどうしていたのでしょうか。筆跡には訂正の跡もあまりなく、さほど文字も乱れていません。最期を覚悟して真剣に筆を走らせていたのかもしれません。

この章では、日露戦争の戦闘の実態を県村の兵士の手紙を元に確認していきます。

日露戦争の陸上での最初の戦闘は、１９０４（明治37）年４月30日の鴨緑江渡河作戦から始まりました。鴨緑江は韓国（大韓帝国）と中国（当時は清国）の国境沿いに流れ、黄海に注ぐ大河です。流域は豊富な地下資源のあることで知られています。満州を占領していたロシア軍は、この川を臨む北側の高台に陣地を築いていました。

２月10日の宣戦布告から間もない２月16日、第一軍第十二師団が、韓国の首都京城（けいじょう）（ソウル）近くの仁川に上陸、鴨緑江を目指して北上を始めました。黒木為楨（ためとも）率いる本隊も３

月14日から、朝鮮半島北部の鎮南浦（ちんなんぽ）から順次上陸して北進。4月21日までには、韓国の国境の町、鴨緑江河畔の義州に集結し、ここの河川敷や中州から砲撃を行うべく、ひそかに大砲を運び込びました。

それにしても、他国であるはずの韓国で、なぜこのような自国の領土同然の軍事行動が可能だったのでしょうか。

開戦直前の1月10日、日露関係の悪化が抜き差しならないところまできていたのを見ていた韓国皇帝は、日露双方や各国に向けて中立宣言を発し、自国の安泰化を図ろうとしました。そうした最中の2月8日未明、日本海軍の連合艦隊はロシア軍艦に奇襲攻撃を仕掛けました。さらに韓国の仁川港に上陸した陸軍第一軍の一部は9日、首都ソウルに進入。宣戦布告が発せられたのは、翌10日のことです。

ちなみに宣戦布告前の攻撃については気になるところですが、当時は問題とされなかったようです。高崎十五連隊が戦後すぐに発刊した『歩兵十五聯隊日露戦役史』でも、「国交の断絶は戦争を意味せり、機先を制するは兵家の略なり」と当然視しています。

一連の軍事行動を背景に、日本政府は2月23日、韓国政府に圧力をかけて「日韓議定書」を締結。この議定書は、日本がいわば好き勝手に軍事行動できるよう韓国が十分な便

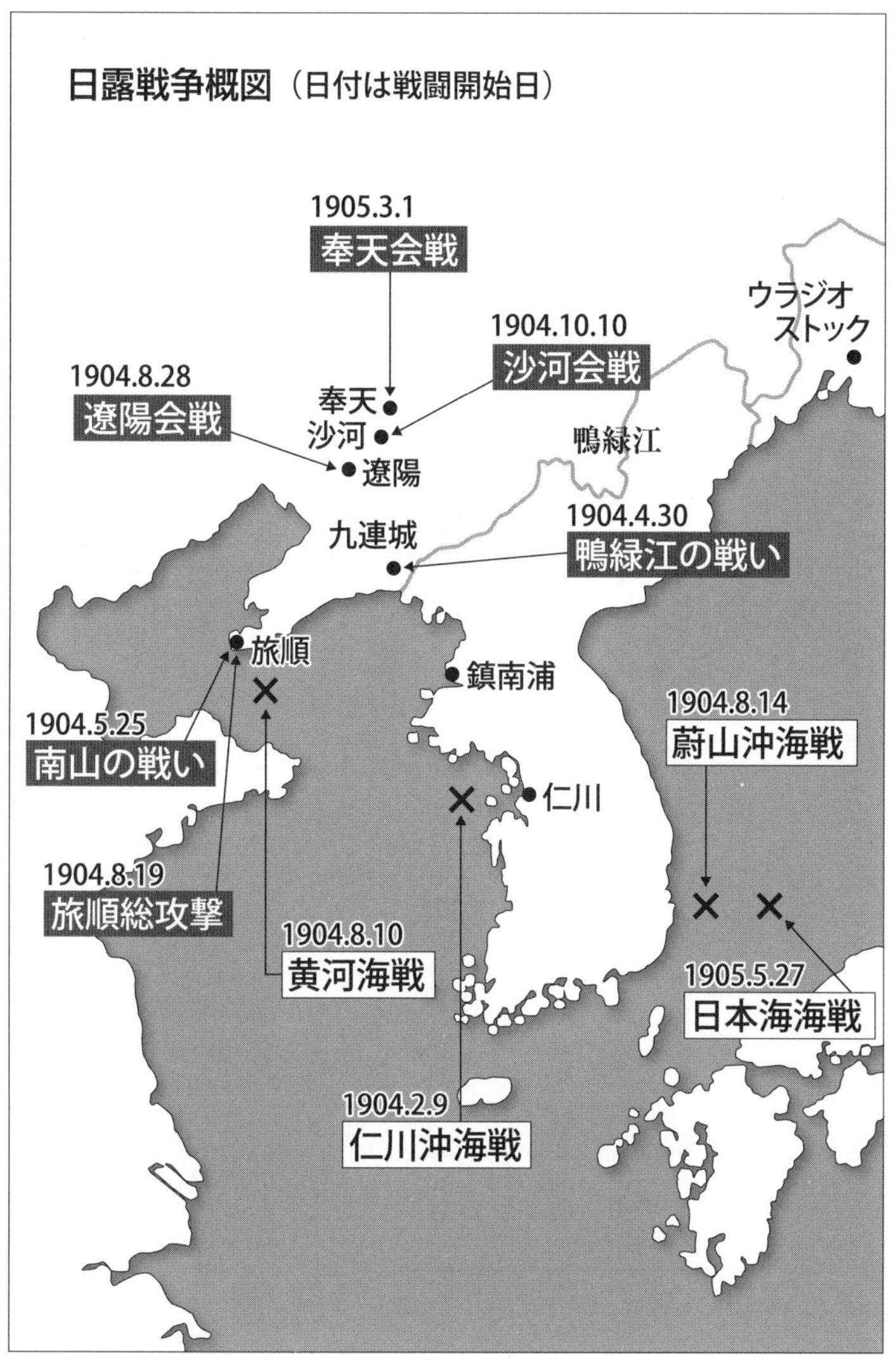
日露戦争概図（日付は戦闘開始日）
1905.3.1
奉天会戦
1904.10.10
沙河会戦
1904.8.28
遼陽会戦
ウラジオストック
奉天
沙河
遼陽
鴨緑江
1904.4.30
鴨緑江の戦い
九連城
旅順
鎮南浦
1904.5.25
南山の戦い
1904.8.14
蔚山沖海戦
仁川
1904.8.19
旅順総攻撃
1904.8.10
黄河海戦
1905.5.27
日本海海戦
1904.2.9
仁川沖海戦

宜を与えることや、軍略上必要な地点を意のままに利用できることなど韓国の主権を著しく侵害する内容でした。もちろん韓国政府は強く抵抗しましたが、日本はそれを武力で押さえ込み、締結させせました。ただ内外の抵抗を恐れて議定書の公示は遅らせています。

一連の韓国での行動は、前年12月30日に日本政府が閣議決定していた「実力を以て之を我が権勢の下に置」くことの具体化でした。このことからも、日露戦争の目的が韓国支配にあったことがわかります。

さて、陸軍最初の戦場となった鴨緑江はさすがに大河ですので黄海河口近くになると幾筋もの流れに分かれ、大小の中州を抱えていました。中でも九里島（きゅうりとう）は名称が付くほどの大きい中州で、ロシア軍はここにも陣地を築いていました。日本軍は九里島を臨む河川敷から、十二糎榴弾砲（じゅうにせんちりゅうだんほう）という当時としては大口径の大砲で砲撃を加え、ロシア軍を撃退しました。この、大量の砲撃で最初に攻撃して相手に打撃を与えてから歩兵が銃撃するという戦法は、日本陸軍の教官だったドイツ人メッケルの指導に忠実に従ったものだといわれています。

同時に鴨緑江を渡るために、工兵がいくつもの支流に橋を架ける準備も進められていました。もちろんロシア軍はそれを妨害するための砲撃を行いましたので、日本軍に犠牲者が出ています。４月30日にようやく橋が完成。５月１日の早朝から始まった戦闘は、それぞれ砲兵の援護を受けながら突進、待ち受けるロシア兵との間に激しい銃撃戦が繰り広げられました。それは午後６時頃まで続いたといいます。結局、火力と兵力に勝る日本軍がロシア軍を敗走させ、鴨緑江の対岸に達することに成功しました。

この戦闘を前に、戦場の様子や覚悟を書き送った兵士がいました。

明治37年４月27日

吾々野戦重砲兵聯隊も昨日義州を距（へだて）る千米突（メートル）ばかりの地に着しました。もはやこの附近は軍隊ばかりであります。近衛の野戦砲兵、近衛の歩兵師団、歩兵、輜重（しちょう）兵、工兵などほとんど集まりました。第一軍です。ただ今、工兵は鴨緑江に架橋工事を始めております。それに対して、敵は砲火を発し実に危なくあります。よって昼の間は材料運搬のみ、夜になりて工事を致すのであります。今日も運搬をしておりますところへ敵は発砲をなし、四五百米突前方にて曳火（えいか）（砲弾を空中で炸裂させ攻撃すること）をなしました。一昨々日も小さな戦闘をしたそうであります。敵の陣地は見えておりますが、なかに鴨緑江が三筋に分かれておりまして、その間は大きな島になつております。とにかく総攻撃も二、三日の間ならんと思っております。（九連城）このところは、敵が長らく陣地を占めており、防禦準備が充分に備わっておりますから、攻撃の方はよほどの困難で不利であります。それであるから私もこの度の初戦にてあるいはお別れとなるかもしれません。これが最後の手紙かもしれません。何とぞ皆々様も御壮健でお暮しの程を神に祈っております。

（第一軍野戦重砲兵連隊第二中隊　掛川伊勢次郎）

掛川はこの時25歳。おそらく初陣だったでしょう。強敵として恐れられていたロシア軍でしたので、もしかしたら、と戦死を覚悟していた様子がうかがえます。〈敵は砲火を発し実に危なく〉というのも実感だったでしょう。掛川が初めて目にしたロシア軍陣地は〈防御準備が充分に備わって〉いたので、そこへの〈攻撃の方はよほどの困難で不利〉と感じたのも当然のことだったと思われます。〈この度の初戦にてあるいはお別れ〉と感じたのも本音だったでしょう。末尾の〈皆々様も御壮健〉云々はあたかも遺言のようです。そう覚悟したのは、一人彼だけではなかったはずです。

しかし、実際には実質1日で鴨緑江渡河に成功した第一軍は、休む間もなく九連城のロシア軍陣地に対し激しい砲撃を始めました。この戦闘に従軍していた砲兵の手紙です。少し長いのですが、状況がよく伝わってきますので一部引用します。

明治37年5月9日

第一軍は、御承知の通り近衛および第二、第十二師団の連合にて黒木大将司令官にして、行軍につぐ行軍にて我が軍は義州に集中し、今や開戦あらんと待ちおりたり。鴨緑江は要害堅固であり、義州からみれば信州の千曲川くらいの川に三つに分かれおり候ゆえ、敵は天佑の地と頼んでのことだとか。我が軍の困難も御推察下されたく候。近衛師団は全面攻撃の任務を以て義州東北方より（第二師団は左、第十二師団は右）、他の師団の攻撃は啻砲声および歩兵の突撃の声を聞くのみ。（くわしき事は知らず）。虎山方面に向かい我が砲兵第二大隊は川中島に陣地を設け、四月三十日工兵架橋し援護をなす。午後六時ここを占領し、夜に乗じて架橋を渡り虎山の右高地に陣地を設け、聯隊三十六門を以て夜の明けるのを待ちおり候。午前五時三十分砲火を交へ、砲声はさながら百雷の一度に落つるかと思ふばかり。何をいうにも第一の初陣なれば一生懸命。弾丸も少しは飛び来たり候へども、我が兵は元より一死を以て国に報いる決心なれば何かは恐るべき。死して後已（や）む心差しゆえ、我が兵力は負傷者も一発の銃弾では後へ退かず、二ヵ所三ヵ所にしてはじめて衛生隊の世話になるなどの勇ましき決心ゆえ、我が砲の榴砲弾（りゅうほうだん）はことごとく敵に命中し、敵の頭上に破裂する様は、さながら東京両国の川開の花火を見る如し。三時間にして敵は退去を始め、歩兵の突撃の声は四方に起こり、歩兵騎兵とも敵を追撃し打破り三方攻撃をなして敵の討死したるは東京の浅草のパノラマを見る如し。砲二十八門、附属弾薬車五十車、小銃五千など種々の物品を分取り、敵の軍司令官参謀長官聯隊長などは戦死し、他に将校以下三千五百人も戦死。捕虜は八百人これあり候。我が兵も死傷者八百名これあり。古今未曾有の大激戦に未曾有の大勝利を得る。これも皆、陛下の御威徳ならん。しかし、苦戦の程も死傷者を見て御推察下されたく候。午前十一時三十分、全て鴨緑江九連城を占領し、四方に起こる万歳の声は陛下万歳および陸海軍万歳を唱へし時、喜ばしさは言語に尽くされず。御察し下されたく候。　（第一軍近衛野戦砲兵聯隊第四中隊　日向豊太郎）

鴨緑江を〈信州の千曲川くらいの川に三つに分かれおり〉と表現しているあたり、いかにも信州出身者らしい気がします。〈我が軍の困難〉とは、〈天佑の地〉の〈要害堅固〉にいるロシア軍に砂州から対峙しなければならなかった状況のことです。この手紙は戦闘終了の1週間後に書かれていますが、初陣だったこともあり記憶は鮮明だったでしょう。

日向たちの部隊は3月中旬に韓国鎮南浦に上陸、20日以上もかけて戦場にたどり着いています。寒冷な風雨に悩まされながらの行軍だったといいます。厳しい環境と緊張の中で〈第一の初陣なれば一生懸命〉に戦っていた日向にとって、戦闘が終わって1週間経ち、やれやれ助かったという安堵感が生まれて、やっと手紙を書く心境になったのかもしれません。

〈弾丸も少しは飛び来たり候へども、我が兵は元より一死を以て国に報いる決心なれば何かは恐るべき〉といった表現からは、緊張や気負いが感じられます。〈死して後已む〉の元々の出典は論語で、当時は吉田松陰の教えとしてよく知られていました。戦死を恐れずに戦えという教えとして、軍隊や学校で広く流布されていたと考えられます。〈負傷者も一発の銃弾では後へ退かず、二ヵ所三ヵ所にしてはじめて衛生隊の世話になる〉にもそれが表れています。

日向は本海野生まれの22歳。爆弾が破裂する様子を〈両国の川開の花火〉に、ロシア兵の討ち死にを〈浅草のパノラマ〉に例えているのが印象に残ります。実際に見物したことがあるとは思えないのですが、新聞や雑誌などで見知っていて強く記憶に残っていたのでしょうか。日向は初陣ですので、ほかと比べようもなかったはずですが〈古今未曾有の大激戦に未曾有の大勝利〉と〈未曾有〉を繰り返し書いています。よほど大きな衝撃を受けたがゆえの表記だと思えます。

勝利の要因を〈陛下の御威徳ならん〉としつつも、〈我が兵も死傷者八百名〉と書くことを忘れていません。その衝撃の大きさを故郷の人たちにも伝えたかった気持ちが、〈苦戦の程も死傷者を見て御推察下されたく〉という表現になったのでしょう。

日向のような砲兵と比べると、はるかに戦死者の多かったのが歩兵です。敵と至近距離で銃撃戦をするからです。その一人、近衛歩兵の手紙です。

明治37年5月7日

私共わ、去る四月三〇日総攻撃の命令下り、義州を午前三時出発して鴨緑江河畔に至り、敵に掩蔽（えんぺい）（隠れて）して日の暮れるを待ちおりました。午前十時に至りてこの地を出発して河を三つ程渡渉して敵の防御線前約千米突（メートル）の地に達して停止し、このところに於いて夜の明けるを待ちおりました。この河を渡渉する時わ、敵が我が行進を見つけて猛烈なる射撃をしました。河水わ腰部以上にたつし、渡渉困難のところに弾わ雨霰（あられ）の如く飛び来り、実に閉口つかまつりました。（中略）いよいよ夜も明けましたから攻撃を開始しました。初めわ砲兵と砲兵との砲撃にて、砲弾わ我々の頭上をはたを織る如く飛び行きて、発火するところわ、丁度両国の花火を見るよりもまだ愉快でありました。その内に歩兵の攻撃が始まりました（午前七時）。このところに於いて約二時間程戦いました。すると敵わ守りきれず退却を始めました（中略）。我が隊わすかさず退却する敵に向ひて追撃射撃を施したるゆえ、敵わ武器ならびに大砲を棄てて退却し、この戦に於いて砲十一門、他に弾薬車十門を分捕りました（中略）。この攻撃わ古今未曾有の激戦にて（中略）、遂に午後六時頃白旗を立てて全滅しました。捕虜の言によれば、鴨緑江におりたる露兵の総数わ一万五千人位と云いました。その内で捕虜死傷者合せて約五千人、負傷して退却したのが五千人くらいで、健全にて退却したのが五千人程あるといふ事であります。

（第一軍野戦隊近歩三ノ十一中隊　柳沢今朝一）

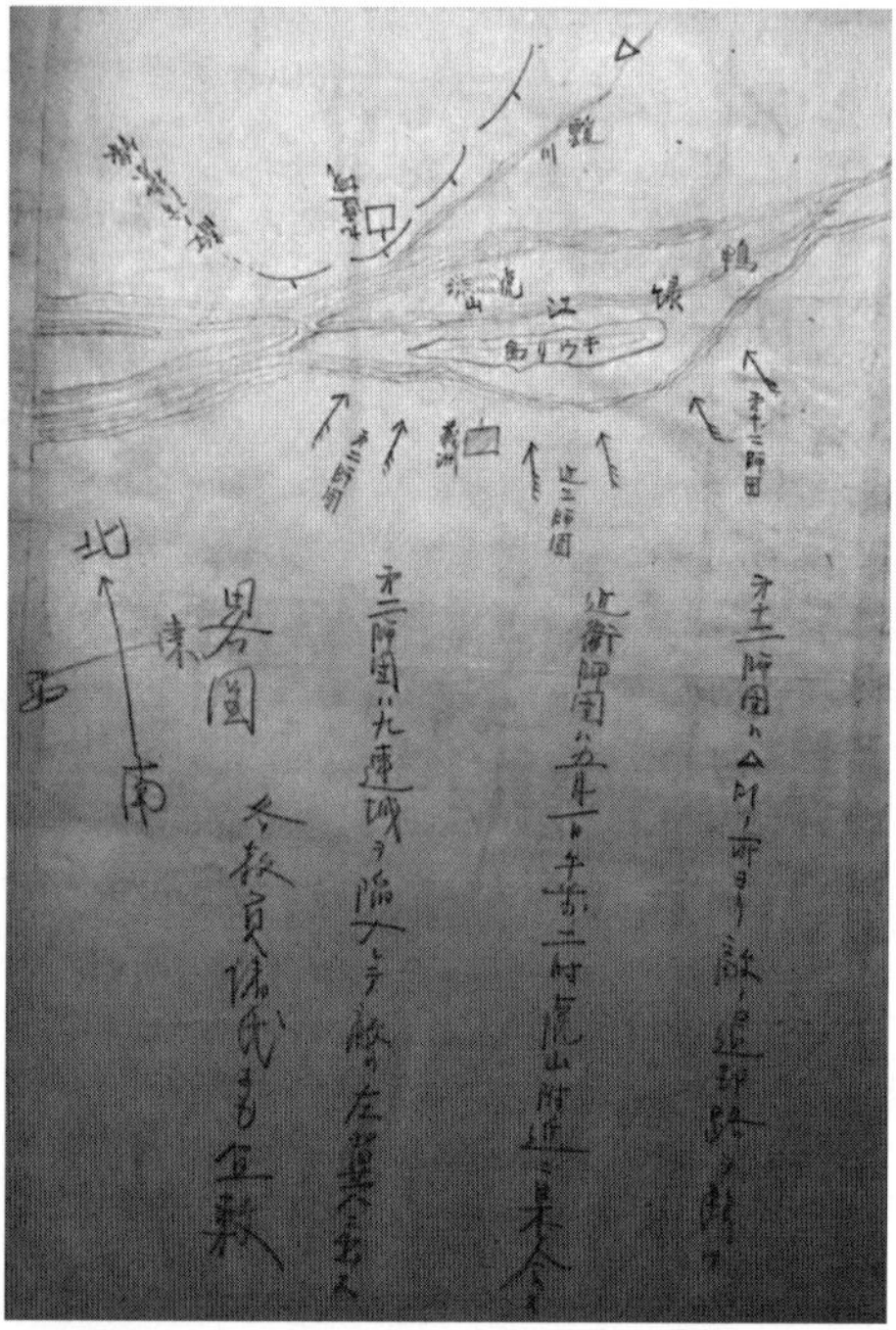

柳沢今朝一の手紙に描かれた鴨緑江渡河作戦の地図

柳沢の手紙も、戦闘終了からいくらも経っていない時に書かれています。薄い鉛筆書きで、読みづらいところもありますが、〈この河を渡渉する時わ、敵が我が行進を見つけて猛烈なる射撃をしました。河水わ腰部以上にたつし、渡渉困難のところに弾わ雨霰の如く飛び来り、実に閉口〉した場面など、実にリアルな筆致です。柳沢も〈古今未曾有の激戦〉と書いていますが、戦闘の激しさを伝えたかったがゆえの表現でしょう。柳沢は歩兵ですので、間近で敵味方の多くの死傷者を目の当たりにしたはずです。戦場の様子をより具体的に伝えたかったのか、手紙の末尾に地図を鉛筆書きしています。

ところで日向の手紙にも柳沢のそれにもロシア軍から奪った武器について記されています。日向は「砲二十八門」、柳沢は「砲十一門外に弾薬車十門」と食い違っていますが、一介の兵士にはその正確な数の把握は無理だったのかもしれません。それにしても敗走した敵が残したものや戦死者の遺体から、武器やその他あらゆる物品を奪うことは当然視されていたことがわかります。

犠牲者数でも日向と柳沢とには差が見られます。日向はロシア軍犠牲者を〈将校以下三千五百人捕虜八百人〉、柳沢は〈捕虜死傷者合せて約五千人〉。日本軍の死傷者については、日向は〈八百名〉とし、柳沢は触れていません。戦闘直後ということに加えて、末端の兵士には全体の犠牲者数など確認できるはずもなかったと思います。日向の記した数は後で上官に教えられたか、仲間同士の噂だったのかもしれません。

鴨緑江渡河作戦がほぼ計画通りに進んだのは、宣戦布告のかなり前から周到に準備を進め、この戦闘に兵力や武器弾薬を集中的に注いだからです。ロシアの倍以上の４万２００0名を超える兵力を投入し、銃撃戦の前に十二糎榴弾砲という大口径の大砲二十門から大量の砲弾を打ち込むという作戦もロシア軍の想像を超えていました。海軍も鴨緑江をできるかぎり遡上して、沿岸のロシア軍に艦砲射撃を徹底的に加えました。

これほどまでに緒戦に力を注いだのは、長期戦になればなるほど国力の上回るロシアに勝つ可能性は低くなるとの判断からでした。宣戦布告前の奇襲攻撃もそれゆえでした。さらに、この戦闘の勝敗が外債による軍事費獲得に大きな影響を及ぼすことが明らかだったからです。そして目論見通り、日本軍の勝利が報じられると、アメリカでもイギリスでも日本債権の売れ行きが一気に伸びていきました。

敗れたロシア軍は鴨緑江北岸の九連城から鳳凰城まで退却しました。第一軍はそれを追撃すべくほとんど休むことなく鳳凰城まで進撃しました。ちょうどその頃、第二軍も遼東半島上陸を完了したこともあって、ロシア軍はほとんど戦わずに鳳凰城も捨てて敗走していきました。第一軍はここを兵站基地にしました。その後さらに北上して摩天嶺に新たな陣地を構築しました。ここでもロシア軍との戦闘が繰り広げられました。この戦闘にも加わっていた日向の手紙です。

明治37年7月8日

摩天嶺を攻撃し、見事に敵を破り候。敵も中々よく戦ひしも我が砲弾のため支へずして遼陽方面に退却つかまつり候。我が死傷者は八十名程これあり候。我が中隊のある兵は、弾を被服に五発まで受けしも身体には少しも異変はこれなく、実に幸いの事にござ候。九連城の戦の初陣では弾がピウート音をして来たる時は、少しは気持悪く思ひしも今にては全く平気に相成り候。

（第一軍近衛野戦砲兵聯隊第四中隊　日向豊太郎）

緒戦から2カ月ほど経って戦闘にも少しは慣れてきたのでしょうか。弾丸が飛んできても〈今にては全く平気に相成〉ったのは、恐怖心が減ったのかあるいは麻痺（まひ）してきたということでしょうか。日向たちはさらにこの後、〈遼陽方面に退却〉したロシア軍を追撃していきました。

さて、陸軍には歩兵・砲兵・工兵・輜重兵などの兵科による区分がありました。それらは役割によるもので、上下関係はなかったはずですが、実際には輜重兵は軽んじられ人気もなかったといいます。なかでも最も下に見られていたのが補助輸卒（ゆそつ）（輜重輸卒）でした。しかし、彼らは輜重兵の下で武器弾薬や食料の運搬、時には傷病兵の輸送などの兵站に不可欠な業務を担っていました。ただ、第一線での戦闘に参加することはほとんどなかったため、第2章で述べた通り、兵士としての訓練はあまり受けることはなく、徴兵されてすぐに戦場に送り込まれました。

補助輸卒は輜重輸卒とも呼ばれ、〝輜重輸卒が兵隊ならば　トンボチョウチョも鳥の内　電信柱に花が咲く〟という戯れ歌が作られるほど軽視されていました。1939（昭和14）年になってようやく輜重兵という名称で兵士に位置づけられましたが、軍隊の中で差別を受けていたのは変わらなかったようです。

日本軍は、とりわけアジア太平洋戦争において補給や兵站を軽視し、それが現地での略奪や餓死などの数々の悲劇を生み出したことはよく知られています。それと兵站に携わる兵士を軽んじていたこととは、通底するものがあるのかもしれません。

その補助輸卒の見た鴨緑江での戦闘です。

明治37年5月5日

第一軍の吾々が鴨緑江に出軍致せしは、先づは僥倖の至り（中略）。吾々補助輸卒隊は（中略）、ここを三日の朝日ともに川渡り候（中略）。目下、清国盛京省安東県に滞在つかまつり（中略）、露兵の患者を担架運搬いたしおり候（中略）。余は頗る壮健。

戦利品は、大砲三八門、小砲三千七百丁余。目下、九連城より運搬。運搬すべき人員は六百人、その内兵員は山内に臥したる患者。目下非番の補助兵の半数にて毎日山中を偵察つかまつり、四、五十名は見かけ候。

（近衛第六隊第三小隊第三分隊補助輸卒　小林幸次郎）

興味深いのは、小林が鴨緑江の戦いには第一軍として出軍したことを〈僥倖の至り〉と感じている点です。戦闘には参加せず、それゆえ最下層に見られていた補助輸卒であっても、緒戦で勝利した一軍に所属していたことを誇りたかったのではないかと思えるのです。次の手紙もまた、輜重輸卒ではあっても〝日本陸軍の一員〟として精一杯の働きをしているという自負が垣間見えます。

明治37年6月13日

五月三日、鴨緑江を超えて九連城を経て安東県に着し、毎日老古洞（ろうこどう）兵站部まで糧食運搬いたし候（中略）。吾らも戦闘部隊にはござなく候へどもよろしく国家のため努力致す心得にござ候。

（近衛師団第六補助輸卒隊第一小隊二分隊　長谷屋貞良）

明治37年8月25日

小生、身は一卒に過ぎざれども報国の念は戦闘員に劣らず。孜々刻々（常々励み）辛膽臥嘗（臥薪嘗胆と同義語か）してその任務をまっとうし、大元帥陛下の御稜威（天皇の威光）を益々宇内（天下）に発揚して帝国の安寧（安泰）のために努めおり候。

（第三軍第壱師団補助輸卒隊第十一隊第一小隊第三分隊　横澤長治郎）

〈戦闘部隊にはござなく候へどもよろしく国家のため努力致す心得〉や〈身は一卒に過ぎざれども報国の念は戦闘員に劣らず〉といったあたりに、彼らを支えている矜持が読みとれます。

次も、先ほどの長谷屋が書いた兵士の手紙です。

明治37年5月9日

九連城に戻り、露兵捕虜負傷者を安東県立病院に輸送致し候。おなじく六日には日本軍人負傷者輸送つかまつり候。それより又々糧食運搬に勤務致しおり候。

（近衛師団第六補助輸卒隊第一小隊二分隊　長谷屋貞良）

つくづく補助輸卒の仕事がかなりハードであることがわかります。鹵獲(ろかく)したロシア軍の武器弾薬、食料などを自陣へ運搬するのもまた輜重兵の任務でした。

この鴨緑江渡河作戦で留意しておきたいのは、投入兵力に占める死傷者の割合が後の戦闘に比すれば少なかったことです。戦傷者は全体の2・2％、戦死者は0・4％です。県村出身の兵士たちにも戦死者は出ていません。その理由は、大量の火砲を打ち込んでロシア軍に大きな打撃を与えた後、敵を大きく上回る2・7倍の兵力で一気に銃撃戦に持ち込んだからだと考えられます。しかし、その後の戦闘ではこうした作戦は取られませんでした。それが戦傷者の比率を著しく高めたといえますが、それについては後述します。

鴨緑江渡河作戦に勝利すると、北に退却したロシア軍との決戦と旅順艦隊壊滅を大きな狙いとして、大本営は陸軍の編成替えに着手しました。大本営の出先機関とでもいうべき満州軍総司令部を創設しました。総司令官は大山巌(いわお)、参謀総長は児玉源太郎でした。また、新たに第四軍も加えられました。

総司令部の作戦は、第一軍は引き続き鳳凰城を起点に遼東半島東部から北上、続いて第二軍も遼東半島西のロシア軍基地を攻略して北上、第三軍は旅順基地を攻略した後に北上、第四軍は第一軍と第二軍の中間を通るルートで北上するというものでした。つまり、一軍から四軍までのすべての軍が眼前のロシア軍を攻略しながら北上し、ロシアが経営していた東清鉄道の要衝の地、遼陽を占領するという作戦でした。こうしてロシア軍主力が南下してくる前に決着を付けようというものでした。時間が経てば経つほどロシア軍は増強され、兵力に劣る日本軍は不利になることは自明のことだったからです。

１９０４年6月、第三軍および第四軍は海を渡って遼東半島に上陸、ここにすべての部隊が集結、32万の大軍が南満州に集結しました。

２　南山の戦闘

第一軍が鳳凰城（ほうおう）を占領する少し前の１９０４年５月５日、奥保鞏（おくやすかた）率いる第二軍は遼東（りょうとう）半島の先端、大連近くの塩大澳（えんたいおう）に上陸しました。県（あがた）村出身兵士の多くが所属していた高崎第十五連隊もここにいました。

第二軍の最初の役割は、ロシア軍の一大拠点だった遼東島突端の旅順要塞と、背後の南満州にいるロシア軍大部隊とを切り離すことでした。そのため、大連とは反対側にあった遼東半島の西、金州（きんしゅう）城およびそこに隣接する南山のロシア要塞を攻撃、占領する作戦を取りました。

塩大澳上陸の際に受けるであろうと予想していたロシア軍からの攻撃はほとんどなく、５月13日には全軍が上陸を完了。そのまま南下して遼東半島を横断、途中でロシア軍の砲撃を受けましたが、これを撃退。目的地の金州城砲撃地点に到達しました。

５月25日、金州城への攻撃を開始。海軍の艦砲射撃の援護を受けながら攻撃する予定が、悪天候と機雷に阻まれた海軍が援護射撃ができないという状況に陥りました。それでも兵力の数に勝る第二軍の猛攻により、金州城のロシア兵は主力が温存されていた南山要塞に敗走、同日、日本はここを占領しました。

しかし、この後第二軍には悲惨な展開が待っていました。遼東半島分断作戦という日本軍の狙いに気付いたロシア軍は、金州城より堅固に造られていた南山要塞の守りを固め、日本軍を迎え撃つ作戦を取っていました。奥司令官は、偵察によって堅固な要塞であることを知ってはいましたが、予想をはるかにしのぐものだったのです。

そこへ第二軍第一師団を中心とした部隊がむやみに突進、多数の犠牲者が出ました。高崎第十五連隊の多くは、ここにいたのです。その激戦の模様は、大本営が新聞紙上に掲載した官報に見ることができます。

> 予期の如く二十六日早朝より南山の敵を攻撃せり。しかるにこの高地の防禦工事は半永久的にして、要塞に備え付けられた大砲の如きも大小口径砲約五十門の他、速射野砲を射る中隊を有し、歩兵を二段三段に配置した銃眼と掩体（敵の攻撃から守るコンクリート制の壕）を有する散兵壕（少人数の兵を守る壕）を配備し、その要所には機関砲を備へ、すこぶる頑強なる抵抗をなせり（中略）。我が砲兵は敵の散兵壕に向か

ひて全力を集中し、我が歩兵は小銃射程内に入る（中略）。敵前四百ないし五百米突突入の線まで接近せり。しかし、前面には鉄条網と地雷および壕あり。且ツ敵の歩兵射撃、特に機関砲の射撃は少しも萎縮せず（中略）。将校以下皆敵前二、三十米突の間に斃れて敵前に達するを得ず。

〈防禦工事は半永久的〉な要塞から〈すこぶる頑強なる抵抗〉をしているロシア軍に向けて突進したため、犠牲者は増える一方でした。

〈機関砲〉というのは、機関銃のことだと思われます。その存在は一部では知られていたようですが、改めてその威力に驚きを隠せなかったことがわかります。さらに〈前面には鉄条網と地雷および壕〉が張り巡らされているにもかかわらず突撃を続行させたのですから〈将校以下皆敵前二、三十米突の間に斃れて敵前にするを得〉なかったのも当然でした。鉄条網は初めての体験でした。しかし、奥司令官は休まずに攻撃することのみ命令し続けました。

　これは官報ですが、戦況をほぼ正確に伝えています。アジア太平洋戦争においては、大本営発表というと眉唾ものを想起しますが、ここでは劣勢ぶりも苦戦の様子も率直に伝えています。

この戦闘で一命を取り留めた歩兵がいました。彼の目にはどう映っていたのでしょう。

明治37年8月31日

五月二五日、夜より南山に向かひ行進す。但しこの夜わ急に黒雲ができ、たちまち雷になり大夕立となり、この雨を幸ひとして南山に向けて前進す。五月二六日午前四時半頃になると、敵の砲撃は我が軍に向けて時々発射す。恐れどもその時には我が軍わ少しも應射せず（中略）。六時と思ふ頃には我が軍も急ぎ砲撃す。敵も我が軍に急ぎ砲撃す。午前拾時頃に全く敵の砲兵の陣地を破りたり。それより我が隊前進す。敵わ陣地を構へ機関砲四拾門をすえ置き発射をなしたり。我が軍は機関砲二門にて発射。敵わ数わ一分間に六百発する砲にして四拾門に発射されたる時わ、二五日夜の大夕立の如く実に驚き入る次第。その後小生も重傷致し候えども運よく命拾い。今わ全快。

（東京予備病院渋谷分院第一区第一号室　小林益雄）

激しい雨を利用しての攻撃だったことがわかります。初め〈恐れどもその時には我が軍わ少しも應射〉しなかったというのは理由があります。日本軍は早い時期から弾薬が欠乏しており、節約を命じられていたのです。小林はこの戦闘では無傷でしたが、その後に配属された旅順攻囲戦で〈その後小生も重傷致し〉て国内の病院に後送されましたが、〈運よく命拾い〉には実感がこもっています。

この戦闘を3キロほど離れた場所から〝観察〟していたのが、第二軍の軍医部長として従軍していた森鷗外（森林太郎）でした。鷗外は出発から帰国まで、戦場の様子を長編詩「うた日記」に詠んでいます。この戦闘の様子を詠んだ「唇の血」の一部です。

剰え　嚢の隙の　射眼より
打出す　小銃にまじる　機関砲
一卒進めば一卒僵れ　隊伍進めば隊伍僵る

（『森鷗外全集7』　筑摩書房）

次々と倒れる兵士たち―。それを遠望している鷗外ですが、兵士の命への思い入れは感じられません。

小林と同じく南山で戦っていた歩兵軍曹の田中藤之丞の手紙です。

明治37年6月8日

金州城およびその南方南山の敵の要地を攻撃。拾六時間あまり後の午後七時半、総軍突貫して敵軍を撃退。遂にこれを占領。我が軍万歳を三唱、山頂高く日章旗を翻(ひるがえ)す。

この激戦、世界戦史上古今その比を見ずと聞く。

（野戦歩兵第十五連隊第十一中隊　田中藤之丞）

田中もまた〈この激戦、世界戦史上古今その比を見ずと聞く〉と記しています。これほどの犠牲が出たのは、指揮官たちがロシア軍要塞を甘く見たからにほかなりません。しかも、攻撃方法に無理があることに気付いた後も、それをやめようとはしませんでした。さらには弾薬の欠乏も致命的でした。それでも奥司令官は、「このような状況のもとで射撃戦を続けることは困難と判断し、損害を無視して突撃を各師団に命じ」（旧参謀本部編『日本の戦史　日露戦争上』）ているのです。

田中と同郷の小山久五郎も激戦ぶりを伝えています。

明治37年6月1日

去る五月二拾六日、世界に比類を見ざる所の金州および南山の大攻撃、午前五時三〇分より苦戦。十五時間の後、萬歳の声と共に我が軍大勝利に帰す。我が村内の戦友無事。

（野戦歩兵十五聯隊第七中隊　小山久五郎）

小山の文面はこれですべてです。〈世界に比類を見ざる〉の激戦で、小山も多数の戦傷者が出たことを知っていたはずです。〈我が村内の戦友無事〉とわざわざ書いたのは、故郷の人々が最も知りたがっていた情報だということがわかっていたからでしょう。

それでも勝利できたのは、一進一退の攻防がほぼ限界に達したと思えた時、ようやく金州湾に現れた海軍の４隻の軍艦が一斉に南山要塞に向けて砲撃を開始、ロシア軍の攻撃が沈静化してきたからです。その機にロシア軍砲台の一角を占領、動揺したロシア軍は旅順方面に敗走し、戦闘が終了しました。

この戦闘に投入された兵士は、鴨緑江（おうりょくこう）渡河作戦よりも少ない3万6０００名でしたが、その1割以上に当たる４４００名近くの死傷者を出し、うち戦死者は７００名以上に上りました。死傷者は鴨緑江の戦いの約5倍、戦死者も4倍以上。一方、ロシア軍は兵力約３

万5000名でしたが、死傷者は1100名にとどまっています。南山要塞は占領したものの、ロシア軍をはるかに上回る犠牲者を出しての勝利でした。

この惨状を見ていた鷗外の「うた日記」はこう続きます。

いざ散れ散らん　けふのあらしに
息は絶ゆ　陛下萬歳　（同）

鷗外は次々に突進しては〈息は絶ゆ〉の幾多の兵士の姿を見ていたはずですが、その視線の先にあったのは兵士の死よりも〈陛下萬歳〉だったのでしょうか。

かろうじて南山で勝利した第二軍は、そのまま半島を南下してロシア軍の拠点の一つだったダルニーを占領、そのまま軍政を敷きました。ダルニーは後に日本軍によって大連(だいれん)と改称されました。大連市はその後、日本軍の一大兵站(へいたん)基地として発展していきます。

大連を占領した第二軍には、休む間もなく北上命令が下りました。いったんは遼陽まで退いたロシア軍が、旅順救援のために南下してくるとの情報がもたらされたからです。

南下するロシア軍を迎え撃つため、第二軍は北進を開始。途中の得利寺(とくりじ)や大石橋(たいせききょう)などでも激しい戦闘が繰り広げられました。熾烈な白兵戦もあって多くの犠牲者を出しながら、なんとか敵を敗走させることに成功しました。しかし、これで終わったわけではありませんでした。ほぼ並行して進撃する第一軍に呼応する形で１００キロを超える道のりを北上しなければならなかったのです。その概要を伝えた砲兵輸卒の手紙です。

明治37年9月21日

私こと、上陸以来五月二十二日金州南山、六月十四日龍王廟に、七月九日蓋平に、同じく二十四日大石橋に、八月一日海城、この前後五回の大戦争に従軍つかまつり候。なかでも金州南山、大石橋の戦には敵弾雨降る如き中を前進し、敵と大いに戦ひ申し候が幸い無事。今なお従軍まかりあり候あいだ、この段あわせて御安心下されたく候。

（第二軍野戦砲兵第十五連隊　小林袈裟右衛門）

〈敵弾雨る降如き中を前進し、敵と大いに戦ひ申し候が幸い無事〉と書いたのは、生死は紙一重であるということを伝えたかったのでしょう。

この戦闘でもロシア軍は退却しましたが、第二軍に追撃する余力は残っていませんでした。砲弾や弾丸が圧倒的に不足していたからです。兵士たちの手紙には直接それに触れたものはありません。しかし、次のような表記は、それを示唆しているかのようです。

明治37年8月11日

敵は毎日五、六十発より百五、六十発砲撃するも、我が軍隊にては命令を遵守し、敢えて一弾も應射せず。

(後備歩兵第十五聯隊第一中隊　宮坂由三郎)

〈一弾も應射〉しないようにという〈命令〉ですが、〝じない〟のではなく、できなかったのです。

3　旅順攻囲戦

第三軍の攻撃目標であった旅順港は不凍港であり、東アジアにおけるロシアの最も重要な拠点でした。大本営にとって最大の恐怖は、世界最強とうたわれていたロシアのバルチック艦隊がヨーロッパから日本海に到着して、旅順のロシア艦隊と結びつくことでした。

そのため、開戦直後から旅順のロシア艦船を港に閉じ込めるという旅順港閉塞作戦が行われました。日本の古い艦船を港の入り口に沈め、港から出られなくするというこの作戦は3回行われましたが、いずれも失敗。2回目の作戦で戦死した広瀬武夫中佐は〝軍神〟として祭り上げられました。小学校唱歌や修身の教科書にも掲載され、子どもたちに戦死を美化して教え込む格好の教材として用いられたことはあまりにも有名です。

大本営は、相次ぐ旅順港閉塞作戦の失敗を受け、陸地から旅順港にいる艦隊を攻撃、旅順要塞をも占領する作戦に切り替えました。その命を受けたのが、乃木希典（のぎまれすけ）を司令官にした第三軍でした。第三軍は、国内で編成された部隊に加えて、すでに第二軍で戦闘に参加した第二軍第一師団と第十一師団をも組み込み、5万を超える大部隊となりました。高崎

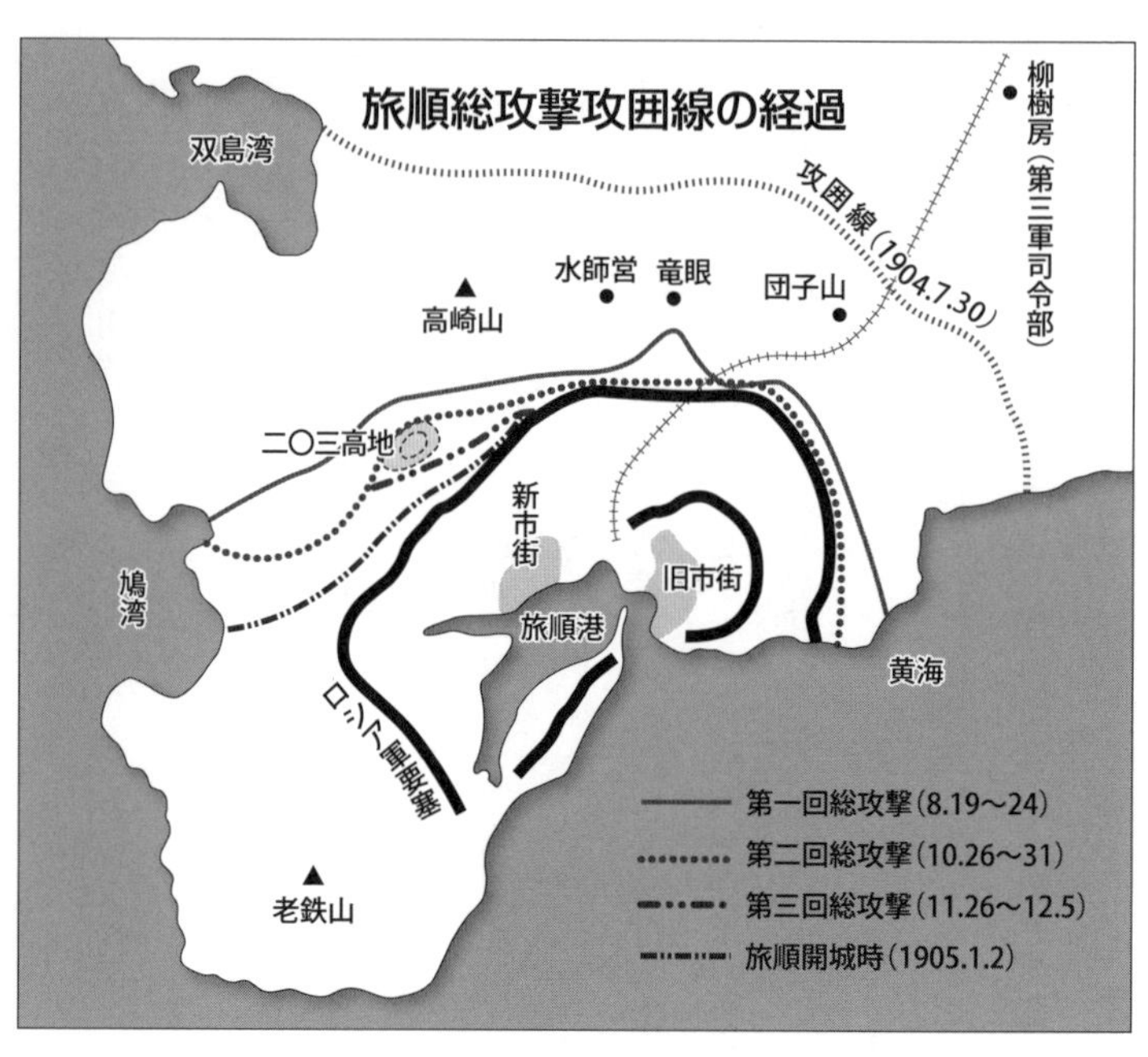

十五連隊の多くも、この指揮下に組み込まれました。

6月26日、陣容を整えた第三軍は、旅順攻撃に向けて行軍を開始。途中、連続する小高い山の上から射撃するロシア軍によって、しばしば前進を阻まれました。激しい銃撃戦の末、ようやく敵陣地を占領しても、1日か2日で逆襲され奪い返されるという一進一退の攻防が繰り返されました。とりわけ日本軍を悩ませたのが、夜襲でした。

明治37年7月16日

目下我々の位置は、遼東半島にあり。「ダルニー」（大連）を距てる約五里、第三軍前哨線の直後に露営をなす。敵軍の砲声絶ゆる間なく露営地附近に縷々（続けざまに）落着。我が軍爆音を聞きつつの午睡。実に閉口する一件は敵の夜襲にて烈しかりし。夜または雨降りの夜などには必ずの事、その都度露営の夢醒さるるには閉口閉口。

（第三軍野戦重砲兵連隊第二中隊　掛川伊勢次郎）

一連の戦いで多くの死傷者を出しながらも、第三軍は少しずつ陣地を拡大していき、約1カ月後の7月30日、ようやく完全な旅順包囲網が完成しました。

当初、旅順攻略はもっと安易に考えられていました。1894年の日清戦争の際には、わずか1日で成し遂げられ、それが人々の記憶に鮮明に残っていたからです。まして日清戦争に従軍したことのある兵士にとっては、言うまでもないことでした。

明治37年8月11日

二十九、三十日は敵の線内に露営。八月一日（以下数文字抹消）に属し、（以下数文字抹消）に至り、共に前進して目下最も（以下数文字抹消）に沿ふて警戒勤務中。去る七日より砲撃を開始す。ことに〇〇（本人による伏せ字）を注目して海陸共に砲撃す。敵は探海灯を照らし、この頃は毎夜速やかに煙火を打揚げ我が夜襲を警戒するものの如し。夜昼砲銃声は絶へ間なし。いよいよ攻撃の機期は接近し、〇〇陥落もその内にあり。国旗提灯行列の快挙は近からむ。

（後備歩兵第十五聯隊第二中隊　宮坂由三郎）

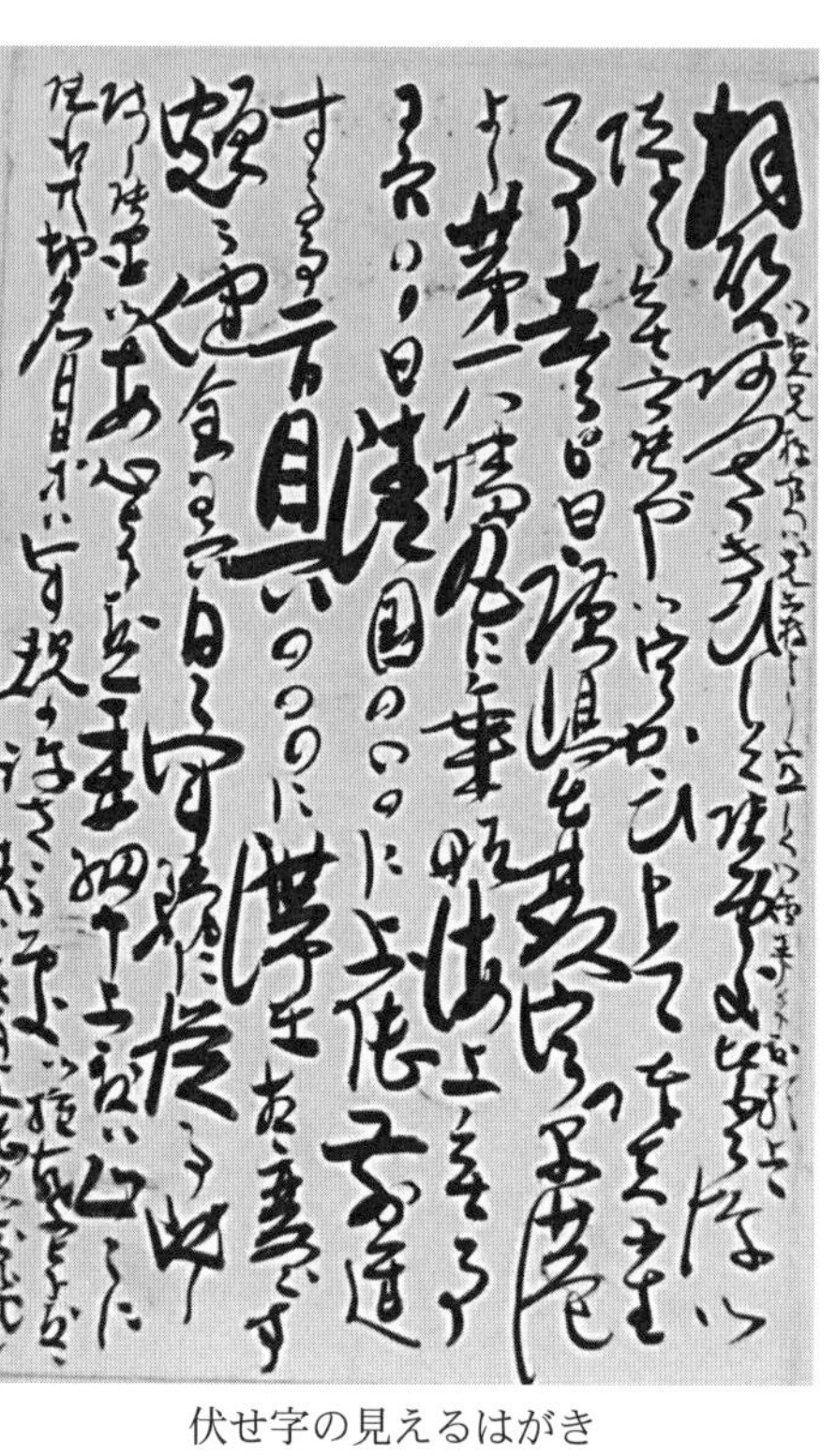

伏せ字の見えるはがき

伏せ字や数文字抹消してあるのは、検閲を考慮しての自主規制だと思われます。

宮坂は、日清戦争で占領した威海衛（いかいえい）の警護に当たっていた経験がありましたので、旅順攻略は人一倍楽観視していたのかもしれません。それゆえ〈国旗提灯行列の快挙は近からむ〉と本気で思っていたのでしょう。大本営もまた、8月末日までには旅順要塞を攻略する計画を立てていました。しかし、実際には極めて早い時点から苦戦を強いられていました。この戦闘で負傷した歩兵軍曹小野量次郎の手紙も苦戦の様子を伝えています。

明治37年9月16日

小生こと、八月十三日まで清国冷家屯（れいけとん）にありて敵と対峙致しおり。当日午后九時、吾が第十五聯隊は一地を占領する為機関砲七八門を以て（一門一分間六百八十発）瞰射（かんしゃ）（高所から見下ろしての砲撃）するが、敵は掩壕（えんごう）に隠れ、我が方はこれに反し、一物の地物なし。敵の弾丸雨霰（あられ）と浴びせ掛けられ、みるみる屍の山をなし、死傷最も多く実に悲惨の光景何に譬（たとえ）ん方もなし。午前九時遂に敵に向かひ突撃つかまつり候。その際残念ながら敵弾のため前腰部より右大腿に至る骨を貫通する銃創を受け、遂に進むを得ず。しかしながら生命には異状無しは不幸中の僥倖。全く天佑の致す所と感心する他なし。而(しか)して（それから）午后十時、担架に収容せられ衛生隊送りと相成り申し候は実に遺憾の事と存じ候。なお一昨日病院にて承り候ところ、田中常田区の馬場只一君はこの戦に於いて名誉の戦死を遂げられしとまことに御両親のお歎き、これもお気の毒に存じ候。今回の苦戦は、敵はありとあらゆる手段を用ひ、一例を上ぐれば、陣地すべてに丈余(じょうよ)（三メートル以上）に掩壕を掘りめぐらし、そこからただ銃口を出すのみにて、敵はどこにおるや少しもわからず。前面には鉄條網を蜘蛛の巣の如く張りつめ、前進の容易な場所にはすべて地雷を敷設しその危険なことよ。夜襲などの時は探照燈および探光火（花火、内地では流星の如きもの）を打ち上げて我が前進を妨害するなどさすがは世界の強国。

（東京予備病院渋谷分院第三区三十五番室　小野量次郎）

〈一門一分間六百八十発〉という記述から日本軍も〈機関砲〉（機関銃）を使用していたことがわかります。

旅順攻囲網が狭まるにつれ、ロシア軍の抵抗も必死さを増していきました。機関砲七八門で攻撃しても強固な〈掩壕〉に隠れているロシア軍にはあまり効果がなかったのに対し、逆に小野たちは全く無防備な〈一物の地物〉のない所にさらされながら攻撃していたため、〈弾丸雨霰と浴びせ掛けられ〉〈みるみる屍の山をなし、死傷最も多く実に悲惨の光景〉が出現しました。反撃したくても〈敵はどこにおるや少しもわからず〉、掩壕から〈ただ銃口を出すのみ〉でした。さらには〈蜘蛛の巣の如〉き鉄条網、地雷、探照灯など、ロシア軍の近代的兵器が彼らを苦しめました。その威力の強さに対し、〈さすがは世界の強国〉と驚き、感心さえしています。

しかし、小野たち第十五連隊の兵士にとって、この頑強なロシア軍陣地と対峙するのは初めてではありませんでした。すでに南山の戦いで、機関銃も鉄条網もその威力はすでに知り尽くしていましたし、強固な掩壕も地雷も体験していました。そこへ無闇に突撃すれば〈屍の山を築く〉ことは当然予測できたはずです。しかし、司令部はその教訓を生かそうとはしませんでした。多少の兵士の死傷には、鈍感になっていたのでしょうか。

小野は同郷の馬場只市が戦死したようだと伝え、彼の両親への哀悼の気持ちを表しています。しかし、戦死者名簿に馬場只市の名は見当たりません。負傷さえもしておらず、1905年11月に大連から神戸港へ復員しています。生死に関わる情報さえも混乱していたことがうかがえます。

当初の計画から1日遅れた8月19日、旅順を見下ろす高地にいくつも点在していたロシア軍堡塁（ほうるい）への総攻撃が始まりました。攻撃直前の15日、旅順にいたロシアの非戦闘員への退去と降伏勧告が明治天皇の名によってなされましたが、旅順要塞にいたステッテル将軍はこれを拒否。戦闘が始まりました。

ここでも日本軍は、要塞に大砲を打ち込んで打撃を与え、その合間を縫って歩兵が突撃するという戦法を取りました。しかし、鴨緑江渡河作戦の時とは異なり、ロシア軍の要塞は予想以上に強固でした。そこに立てこもっての粘り強い抵抗によって、当初の目論見はもろくも崩れ去っていきました。ロシア軍はいくつもの堡塁に絶対的な信頼を置いており、それは実際強固なものでした。砲弾に耐えた堡塁からは次々と銃弾が発射され、〈雨霰と浴びせ掛けられ〉ました。しかし、それでも幾度も突進が命じられました。結果は、いたずらに犠牲者を増やしただけだったのです。

〈○○陥落もその内にあり〉と書き送っていた宮坂も、この悲惨な状況を目の当たりにしては、もはや〈提灯行列〉といった楽観的な記述はできませんでした。宮坂のほぼ1カ月後の手紙です。

明治37年9月20日

去る拾九日、いよいよ〇〇総攻撃と定まり、払暁（明け方）前、すでに露営を引き払って攻撃令を待ちおり候。天明（夜明け）を待ち、後方の砲兵は試射を始め、ここに戦闘の端緒を開きぬ。時を経るに従ひ彼我いよいよ甚しく。午前八時、当隊に前進の命は下りぬ（敵との距離一千米突）。すなわち第一中隊より逐次運動を開始せり。当中隊も続きて疾走し、敵の陣地の下に迫らむと前進。数十歩の所に至りし時に、落下した砲弾の破片が衝突して右手に数カ所の裂傷を負ひ、止むを得ず戦線を去り、第一野戦病院に入る。それより逐次後進させられ、目下表記の分院に入れり（中略）。先月の拾四、五日および拾九日からの戦闘は、後備隊は右敵の陣地の第一線にて敵の堅い要塞に当たりしゆえ、実に予想外の死傷者を出す。その悲惨の状況は禿筆（自分の下手な文章）を以てよく描写しうるべからず。後はよろしく御判断。

（東京氷川分院第五十五室　宮坂由三郎）

ここでもまた、〈敵の堅い要塞に当たりしゆえ、実に予想外の死傷者を出す。その悲惨の状況〉が繰り返されました。

8月末日までに旅順要塞を陥落させるという大本営の計画は、ただ〝そうであってほしい〟という期待感から出てきたもので、客観的なデータや資料を分析して立てられたものではなかったのです。あまりの犠牲者の大きさにたじろいだ乃木司令官は8月24日、ついに攻撃中止命令を出しました。この戦闘だけで、投入した5万7000名の3割近い約1万6000名というすさまじい数の死傷者を出しました。

国民もまた、旅順陥落を今か今かと待っており、そうした声は戦地にいる将卒にも痛いほど伝わっていました。故郷からかなりの頻度で送られてくる新聞も、旅順陥落をあおっていました。犠牲者のみ増え続ける展開に、乃木司令官への指揮にも批判が高まっていきました。

この戦闘の最中に、歌人与謝野晶子が「君死にたまふことなかれ　旅順口包圍（ほうい）軍の中に在る弟を歎きて」を『明星』に発表したことはよく知られています。この詩は大きな賛同を集めると同時に、いっぽうでは大町桂月のような国家主義者には大変な不興を買いました。「旅順の城はほろぶとも、ほろびずとても、何事ぞ」と戦争の勝敗よりも、「君死にたまふことなかれ」なのですから。また、「すめらみことは、戰ひに　おほみづからは出でまさね」の部分には「不敬」だとしての攻撃も加えられました。しかし、そうした本音がまだ発表できていた時代だったともいえます。

旅順第二次攻撃は、９月19日から23日未明にかけて行われました。その様子を記した手紙です。

明治37年9月28日

遼陽方面の占領は、誠に大出来。お互いに国家の為に慶賀の至りにござ候。しかし、吾が三軍の向ふところは未だなかなか難。内地に於いては快報に接するを待ちくたびれの御様子ならんと察せられ候えども、御承知の通り世界三大要塞の一つだけありて中々困難。目下第二回目の〇〇中に付き、遠からずそちらに今回こそは一大快報が飛ぶならんと存じ候。

（出征第三軍第一師団兵站弾薬縦列班砲曹長　横関伊勢太郎）

旅順攻囲戦と並行して、遼陽方面でも戦闘が行われていました。後述しますが、決して〈大出来〉でもなく、手放しで〈慶賀〉できるようなものではなかったのです。日本軍は13万４５００の兵力を投入し、２万３５００名以上の死傷者を出して、ようやく占領できたからです。

旅順攻囲戦に話を戻します。満を持しての2回目の攻撃も、想像以上に堅固なロシア軍堡塁に阻まれ、失敗に帰しました。横関は砲兵ですので、砲弾を何発撃ち込んでも破壊できない状況に、改めて〈世界三大要塞の一つ〉だと感じたのでしょう。

この時の作戦もそれまで同様、ロシア軍堡塁を砲撃によってかなり破壊した後、坑道を掘ってギリギリまで接近した兵士が一斉に突撃するというものでした。ただ、この作戦が成功するためには、堡塁に十分な打撃を与えておく必要がありました。しかし、不十分なまま、この作戦が実行されました。その結果、堡塁に近づこうとしたその瞬間、中から機関銃の大量の銃弾が浴びせられ、もはや〈中々困難〉では済まされない悲惨な状況になっていったのです。戦死者の中には、南山の戦いを手紙に書いた田中藤之丞もいました。「肩胛部貫通銃創」、26歳でした。ちなみに田中は1898年に徴兵され、1900年から1年間、台湾の抗日運動鎮圧のため出征しています。

4日間の戦闘で、このような突撃が幾度も繰り返されましたが、5000名近い戦死傷者を出しただけで、またしても失敗に終わりました。〈遠からず〉届けるはずの〈一大快報〉は、まだまだ先のことでした。

それにしても、どうしてこのような無謀な作戦を繰り返したのでしょうか。

理由の一つは、バルチック艦隊の襲来を恐れて、一刻も早く旅順要塞を占領せねばという焦りです。同盟を結んでいたイギリスからは、バルチック艦隊の位置情報は逐一入っており、到着までには時間があることはわかっていました。それほど躍起になる必要はなかったはずなのですが。もう一つは国民世論です。いたずらに犠牲ばかり増えていく状況に、勝利の催促と指導部への非難の声は高まる一方でした。さらにはまた、兵士の命を軽視していたことも指摘しなければなりません。

この戦闘から約1カ月後に書かれた横関の手紙です。戦況が1カ月前とほとんど何も変わっていないことに驚かされます。

明治37年10月30日

我が軍の方面は、御承知の通り世界三大要塞の一つだけあり、中々困難。従って苦戦惨憺（さんたん）を極め候えども未だ陥落せず。御地に於いてはさぞかしお待ちくたびれの御様子ならんと遙かに推察奉り候えども、前進できるかの次第ゆえ何とも言えず。あたかも第三軍は、海軍に於ける上村船隊の如く、労苦多くしてかえって世人に悪口を言われるが如きと同様に思はれん事、残念の至りにござ候。今回は第〇回目の〇〇を本日二〇日より開始せられ候に付き、今回こそは遠からず一大快報がそちらに向けてのみならず、世界に飛ぶならんと瞑想致しおり候。詳細ご報道申し上げたきは山々に候えども、軍規に関する件はこと細大となく許さざるところ、悪しからず御諒察下されたく候。

（出征第三軍第一師団兵站弾薬縦列班砲曹長　横関伊勢太郎）

〈海軍に於ける上村船隊〉というのは、上村彦之丞が司令官を務めていた第二艦隊のことです。開戦直後から、日本軍の輸送船などを次々に沈めていたウラジオストック艦隊は、絶対に撃滅しなければならない相手でした。第二艦隊はその任を負っていたのですが、広い海域のあちこちに現れ、時には濃霧に遮られるなどしたため、その姿を捉えることは困難で、全く戦果を挙げることができませんでした。それゆえ、〈世人に悪口を言わ〉れていました。上村個人に対しても、「濃霧のせいだというが、逆さに読めば無能だ」と攻撃されたり、あげくは〝露探（ろたん）〟（ロシアの軍事探偵、スパイ）とまで非難されたりしていました。当時、〝露探〟というレッテルは最大の不名誉だったのです。第三軍に対しても同様の非難があったことを、〈あたかも第三軍は、海軍に於ける上村船隊の如く、労苦多く〉

と、苦しい胸の内を伝えています。

ちなみに、上村彦之丞率いる艦隊は、８月14日、ついにウラジオストック艦隊を撃破しました。世論は一転、その後「上村将軍」という賞賛の歌まで作られました。

乃木希典も旅順攻囲戦で多数の犠牲者を出しながらも戦果を上げることができないとして罵倒されましたが、息子二人をそれぞれ南山と旅順攻囲戦で失ったことから非難は同情に変わりました。さらに、自身も後年明治天皇の死去に際して殉死したことからいっそう高く評価され、ついには乃木神社の祭神として祀られるまでになりました。改めて世論の危うさを感じさせるエピソードです。

戦況が一向に進捗しないまま、季節は秋に移りました。満州の秋はもはや冬の気配が色濃く、ロシア軍に加えて厳しい自然環境もまた、第三軍の前に大きく立ちはだかりました。

明治37年10月４日

我が軍は目的地を距る（へだてる）四、五千メートルの所に対陣しており、日々彼我の弾丸が雨中のごとき下に無事、勇敢以て戦務に従事しおり候（中略）。陣中の不便なる事申し上げ候。当所は暴風の多き地にて、我々軍人の如きわ山野に住むのと同様、誠に困難つかまつり候。天幕の如きは、時々吹き飛ばされかつ時節柄寒さを感じ申し候。食事は乾魚類や乾物の菜、牛缶詰などにて脚気予防の麦飯に相成り候。旱天（日照り）は二ヶ月以上にして、谷間の小川の水も失われ只今は井戸掘り候も用をなさず、拾五六丁また二十丁（一・六〜二キロメートル）あまりの所より飲用水を求めおり候始末。従って洗濯および水浴も出来ず。そのため身体の垢は鱗をなしズボン下の紐をほどくと垢の鱗は、ホロホロこぼれ候。垢が染みつきたるため、寒さがひときわ強く感じ申し候。且つ近頃はシラミが湧き、我々を苦しめ申し候。若し冬ごもりをするなれば、土を掘り住む様になるかも知れず候。この時は護良親王を気取り、地の国よりはいだして、戦争してまた地の国に着すといふ始末。

（第三軍徒歩砲兵第一聯隊第一大隊第三中隊　小林栄次郎）

衣食住のすべてに不自由しながら、隊営している様子がよくわかります。とりわけ水不足には苦労しており、〈谷間の小川の水も失われ〉〈井戸掘り候も用をなさ〉ない中、二キロ近い山野の中、人数分の飲料水を運ぶ苦労がしのばれます。〈乾魚類や乾物の菜、牛缶詰など〉の副菜も、水不足ゆえでしょう。

こうした兵士たちの衣食住に関わる内容は、公的な文書や歴史書にはなかなか出てきません。個人の手紙という史料がいかに貴重か、その価値に改めて注目したいと思います。それにしても書き手の性格なのか、深刻な状況下にもかかわらず〈身体の垢は鱗をなしズボン下の紐をほどくと垢の鱗は、ホロホロこぼれ候〉などペーソス漂うなかにもユーモアがあふれています。深刻な状況なのですが、笑いを誘われます。

ちなみに〈護良親王を気取り〉とは、『太平記』に出てくる後醍醐天皇の皇子、護良親王の逸話だと思われます。鎌倉幕府打倒に活躍、征夷大将軍にまで任じられるも、足利氏と対立したために鎌倉東光寺の地下に掘った土牢に閉じ込められた人物です。戦前は〝逆臣〟足利尊氏と戦ったことから、〝忠臣〟として国史の教科書に取り上げられていましたので、よく知られていました。『太平記』の護良親王は地下牢に閉じ込められたまま非業の死を遂げましたが、小林は〈地国よりはいだし〉と元気です。厳しい環境の中にあっても、表現を楽しんでいるかのようです。

興味深い箇所はまだあります。〈脚気予防の麦飯〉です。脚気は日清戦争の際に、戦死者以上の多くの死者や罹患者を出しています。日露戦争当時もまだビタミン不足によるものだとはわかっていませんでした。脚気にかかれば戦力が著しく低下するため、大本営と医学界は原因と治療法を探るべく懸命の努力をしていました。海軍では経験的に麦飯を給与すると改善することが知られていましたので、栄養学的な立場から究明しようとしていた軍医たちがいました。それに対し陸軍では、軍医の森林太郎（森鷗外）を中心とするグループは細菌に原因を求め、〝脚気菌〟発見に力を注いでいました。両者の間には激しい論争が起こり、対立していました。海軍の麦飯に対し、陸軍はそれを退けていましたが、開戦直後から陸軍兵士たちの間に大流行した脚気には抗すべくもなく、徐々に麦飯に切り替えられていきました。小林の部隊では切り替えが早く、この手紙を出した直前に、麦飯になったようです。

旅順への攻撃は2カ月以上、断続的に続けられました。しかし、そのたびに戦死者の山を築いただけでした。さすがに第三軍首脳部もこの事態に手を打つべく、攻撃目標を旅順港西北の二〇三高地に変更する案も出されましたが、議論は決裂。引き続き、眼前に点在するロシア軍堡塁への砲撃と歩兵の突入を続けました。しかし、堡塁から待ち構えていたロシア軍の銃撃を受け、大きな被害を受けるだけでした。中には壊滅状態に陥る部隊も出てきました。

明治37年11月2日

現今といえども未だ彼我の詳細の状況に付きては御通報申し上げる事を得ず候へども、日々我が攻囲軍の各方面はいずれも良好に候へば御安心下されたし。いずれ遠からず○○全部陥落の快報に接する事と推考つかまつり候（中略）。先月十一日着陣以来、昼夜の別なく敵を砲撃し、彼我の砲声止む時なく、今日までに三回の激戦もありて、彼我の全砲門を開ひて発火せし時、実に百雷の一時に落下せしが如く。天地もために震動し、その轟然（大音響で轟く）たる中に、歩兵の突撃するを目撃す。その様子は実に勇壮なり（中略）。敵は日々に窮境（非常に厳しい状況）に陥り、もはや市街に近き一線に依拠してけなげにも防止しつつあるも、昨今我が巨弾は砲台砲門などその過半数を破壊せり。しかれども露助天険（険しい地形）に頼りて塹壕を深く掘りその底に潜伏し、のみならず前方に種々の防禦工事をなしおるため、数多くの敵塁は我が歩兵の容易に突撃進入を得ざるは遺憾の到りにござ候。

（第三軍徒歩砲兵第一聯隊第三中隊　宮坂喜平治）

10月26日からのこの戦闘も、まずは激しい砲撃戦から始まりました。〈彼我の全砲門を開ひて発火せし時、実に百雷の一時に落下せしが如く〉は、砲兵ゆえの観察でしょう。宮坂の目には〈歩兵の突撃するを目撃す。その様子は実に勇壮〉に見えても、堡塁から次々と打ち出される機関銃の前に、歩兵たちはどんどん倒されているわけです。しかも〈露助天険に頼りて塹壕を深く掘りその底に潜伏し、のみならず前方に種々の防御工事をなしているため、いくら砲撃による破壊で〈その過半数を破壊〉しても〈歩兵の容易に突撃進入〉は困難でした。宮坂たちが〈遺憾の到り〉だと感じていても、この攻撃は続行されました。

明治37年11月8日

小生ことは目下旅順から離れる事二千米突(メートル)〇〇〇に露営致しおり。只今は交戦中にござそうろう。さて旅順は、露助が天嶮（険しい地形）を頼みて必死となりて守備致しおり候へば難攻不落に候へども世界に二つと無い日本魂、いかでこれを落さずにおるべきか。不日(ふじつ)（まもなく）陥落に相なるべく候。

（出征第三軍徒歩砲兵独立大隊二中隊三小隊　吉田儀市）

〈難攻不落〉のロシア陣地を落とすのに、飛び出してきたのが〈世界に二つと無い日本魂〉という精神論であるあたりに、逆に悲壮な決意を感じます。

この状況を打開するための頼みの綱が、国内の海岸に備え付けてあった廿八糎榴弾砲という当時国内最大の大砲でした。すでに9月の第二次攻撃には六門移送されていましたが、そこにさらに十八門を追加、それらを使い大量の砲弾を発射することにしました。携わった砲兵の手紙です。

明治37年11月14日

午前九時より砲火は四方の砲台より開始せられ候。目標は二竜山（にりゅうざん）、松樹山（しょうじゅざん）、鶏冠山（けいかんざん）にこれあり候。（中略）松樹山砲台に当たりて吾が廿八珊米榴弾砲之弾丸は、落下するやたちまち火焔を起こし、長時間にわたり天を汚せり。その節に小銃火は互いに開かれたり。機関砲の音も聞こえたり。午后六時頃に至り止みぬ。聞くところによれば、本日の激戦にてようやく半分を占領し得たるのみと。防禦工事充分にて、歩兵しかも果敢なる歩兵も進み得ざりしよし。それは最大なる濠溝（ママ）のために候。歩兵の語るところによれば三間はしごを以て渡さんとせしに渡す候はず。底に達せしめんとするも達せざる程の大なる物も造りありし由に候（中略）。旅順の後方勤務は支那人を傭ひ、非戦闘員も戦闘員に加わり戦線に出頭の有様にこれ有り候。彼らは吾が軍に攻撃せられても退く事を得ず、何となれば後方にロシア軍将校ありて、退く者を手打ちに致すを以てなり。かかる有り様に候ゆえ、彼らはますます死に物狂いになり、よく戦ふとの事に候。

（第三軍野戦重砲兵連隊第二中隊　掛川伊勢次郎）

〈廿八珊米榴弾砲〉のすさまじい様子は、〈落下するやたちまち火焔を起こし、長時間にわたり天を汚せり〉でもわかります。砲撃後、〈果敢なる歩兵〉が突撃して要塞を占領するはずだったのが、結局は〈進み得ざりし〉。ロシア軍の掘った壕は〈三間はしごを以て渡さん〉としても底に着かないほど、つまり5メートル以上深く掘られた底で抵抗していたからです。

手紙は、ロシア軍に雇われた〈支那人〉への非情な仕打ちも伝えています。非戦闘員なのに戦わされ、逃げようとしてもロシア軍将校が〈手打ちに〉するというのですから、たまったものではありません。〝日露〟戦争であっても、最大の犠牲者は戦場にされた中国の人々だったともいえます。

砲撃と歩兵の突撃を組み合わせた戦法は、幾度繰り返してもなかなか戦況は好転しませんでした。この状況を少しでも有利に打開するには決死の奇襲攻撃しかないと判断した乃木司令官は、特別に選抜した攻撃隊を組織しました。これが白襷（しろだすき）隊です。名前の由来となった白襷は、敵味方を識別して相打ちを防ぐために掛けていたものです。闇に紛れて突撃する作戦でしたが、幾重にも張り巡らされた鉄条網を切断しながら、そこかしこに地雷が埋められた中を進まなければなりませんでした。多くの犠牲者が出ることは容易に予想されていました。そのために志願兵を募っての攻撃でした。乃木司令官は出陣に際し、整列した一人ひとりと握手を交わして「死んでくれ」「死んでくれ」とのみ言い続けた（半藤一利『日露戦争史２』）といいます。

３０００名強で編成された白襷隊ですが、予期した通り鉄条網や地雷に阻まれ、なかなか前進できませんでした。さらなる悲劇は、夜襲を警戒していたロシア軍の探照灯や照明弾に彼らの姿が照らし出されたことでした。相打ち防止の白襷は強い光に反射し、そこをめがけて銃弾が集中、死傷者の山が築かれたのです。白襷が完全に裏目に出たことになります。10月26日のわずか１日で８割の兵が戦死傷。高崎十五連隊の将兵の多くもこの攻撃に選抜されていました。前掲『聯隊史』から引用します。

> 探照灯は盛んに我を照射して（中略）白昼の如く。椅子山、案子山の小口径砲は盛んに砲火を放って我に痛撃を与え、死傷者続出したるも我は決死中の決死隊なり。（中略）第二第三両中隊はほとんど殲滅の悲運に会したるも、今や友軍との連絡は途絶し（中略）、大久保中佐傷つき、聯隊副官は死没し、部下将兵卒の死傷すこぶる多くして、ために士気ようやく沮喪（がっかりして気落ちすること）せん（中略）。すこぶる多大の損害を受けて、わづかに勝ち得たる陣地は、再び敵手にまかせられんとす。将士の心中察するに余りあり。

あまりの犠牲者の多さに驚いた乃木司令官は、27日深夜撤退を命令。多数の犠牲者のみ出して終わった大失態であるにも拘わらず、乃木はじめ指揮官たちは誰一人責任を取ることはありませんでした。しかし、この後もまた夜襲が繰り返され、そのほとんどが失敗に帰しました。

その後も同様の攻撃は続き、11月28日には戦闘に参加していた本海野村の宮坂精三が「左耳部盲管銃創」で戦死しています。22歳でした。

それまでの眼前の陣地への攻撃に拘泥しすぎた作戦のまずさが見直されるようになった

のは、11月下旬のことでした。攻撃目標陣地の転換です。比較的防御が薄く、なおかつ旅順要塞攻撃に重要と考えられた二〇三高地への攻撃に集中する作戦に変更されました。

さらには12月１日、大山巌満州軍司令官の意向で、第三軍の指揮は乃木希典から満州軍参謀の児玉源太郎へ委譲。あまりに多くの犠牲者が出たことで、乃木への非難が強まっていたからです。児玉の指揮で、二〇三高地正面の高崎山に廿八糎榴弾砲をすべて移動させ、砲撃開始。しかし、その二〇三高地もロシア軍が死守する強固な堡塁であることには変わりありませんでした。12月２日、砲撃の間隙を縫って歩兵が突撃しました。この時の戦闘では、第２章でも触れた宮下古光以外の県（あがた）村出身者も戦死しました。同郷の橋本益太は、次のように伝えています。

> **明治37年12月9日**
>
> 二〇三高地の戦闘はすでに新聞紙にて御承知には候へども、小生らが参加せし戦闘中最も激烈にして最も悲惨を極め候。死屍（しし）積んで山をなしといふ形容詞も、ここに於いてはその通りと申し候、いやそれより死屍累々山をおおふに至りと申し候。この戦闘に於いて最も遺憾なるは、宮坂精三君今井勝十君の戦死せられし一事にこれあり候。

両氏とも二〇三高地に続きの山赤坂山と称するところに於いて、宮坂君は右耳より左耳に貫通銃創、今井氏は下腹部貫通銃創にて遂に瞑せられ候。

（野戦歩兵第十五聯隊第七中隊陸軍歩兵伍長　橋本益太）

宮坂精三は、橋本と同じ本海野出身で年齢も同じ22歳でした。〈最も遺憾なる〉気持ちもひとしおだったでしょう。同じく戦死した今井勝十は、神科村出身の陸軍伍長で28歳。隣村なので面識があったと思われます。

それにしても〈死屍積んで山をなしといふ形容詞も、ここに於いてはその通りと申し候、いやそれより死屍累々山をおおふに至り〉というほどの悲惨な状況を見て、兵士たちは改めて戦争の悲惨さを噛みしめたことでしょう。日本軍だけでなくロシア軍もまた多数の犠牲者を出していました。そこで、あまりの戦死者の多さに日露双方の指揮官が協議して、いったん休戦。双方が遺体を回収する作業をしています。その間の遺体収容を横目に、双方の将校たちは酒を酌み交わして談笑していたといいます。軍隊の階級による差異と非情さがうかがえます。

二〇三高地でもまた、日本軍が奪取するとすぐに奪還されるという一進一退の攻防が繰り返されましたが、ついに12月5日、連日の廿八糎榴弾砲からの大量の砲弾がロシア軍要塞を撃破。その後の突撃でようやく占領を果たしました。

11月26日から10日余り続いた二〇三高地への第三次総攻撃はここに終了しました。第三軍が投入した兵力は６万４０００名、そのうちの１万７０００名が死傷しました。その一人ひとりに将来があり、家族がおり親類縁者がいたことを忘れることはできません。

二〇三高地奪取後も、激しい戦闘は続きました。

明治37年12月23日

命令により新年の賀状は出すを得ず候ゆえ悪しからず御承知下されたく候（中略）私事先日の〇〇三高地の攻撃にも参与。新聞紙上にも掲載されし通り、ずいぶんの大激戦。我が小隊の如きは真っ先に突進、小隊長殿死し続けて死傷者続出、十七名となる運命。我が分隊の如きは、先に分隊長負傷、今井勝重君死、残るは僕と外一名。当時の戦線に参加し時の状況を御推察下されたく候。当戦闘には宮坂精造君、宮下君他の多くの同郷の戦友を失ひ、実に無念。今も同方面に勤務つかまつりおり候（中略）。僕もこれが終わりとの心得に候。

（野戦歩兵十五聯隊第七中隊　小山久五郎）

〈新年の賀状は出すを得ず〉の命令は、あまりに多くの戦死傷者が続出したことと、いまだ旅順要塞の攻撃中であることから出されたものでしょう。なお〈今井勝重〉は「勝十」、「宮坂精造」は「精三」の書き間違いだと思われます。小山は歩兵軍曹なので最前線にいたと推察できます。身近な上官や〈多くの同郷の戦友を失〉ったショックは、さぞかし大きかったことでしょう。助かった彼にとっても、戦死は決して人ごとではありませんでした。〈僕もこれが終わり〉との覚悟は悲壮です。

明治37年12月（日不明）

前月二六日よりの一〇三（マ）高地攻撃に参与つかまつり候へども、些少の擦過傷も蒙（こうむ）らず、またまた余命を取りとめ申し候に付き、はばかりながら御安心下さりたく候。まずは右申し上げたく、かようにござ候。

（第二軍後備第一旅団後備歩兵第十五連隊第四中隊　馬場只市）

馬場のはがきは、時候のあいさつと結語の〈早々頓首〉を除き、本文はこれだけです。何としても〈些少の擦過傷も蒙らず、またまた余命を取りとめ申し候〉だけは伝えたかったことがわかります。

開戦から二年目、新年を迎えた1905年1月1日、激しく抵抗していたロシア軍のステッテル旅順司令官が降伏を申し出ました。乃木は直ちに攻撃中止命令を出し、5カ月以上にわたった旅順攻囲戦は終わりました。この日を矢のように催促していた新聞各紙は号外まで出して旅順陥落を伝えました。1月3日の『東京日日新聞』の見出しは、「祝旅順陥落」「大日本帝国萬歳」「大日本陸海軍万歳」です。沙河(さが)で対陣していた第一軍、第二軍、第四軍にも早速電話で伝えられました。

静岡県出身の職業軍人、多門二郎の日記にも旅順陥落のくだりがあります。26歳の多門は、日露戦争に第一軍歩兵第四連隊所属の小隊長(陸軍中尉)として従軍、最前線で戦闘に参加。出征から戦闘、帰還までの全日程の行動とその時々の心情をほぼ毎日、詳細に記録していました。

午後一一時三〇分(中略)、馬卒の宿舎でがやがや騒いでいる。何か始まったのかと心配しながら頭を上げると、通信係が僕の部屋に飛び込んできて(中略)、旅順が落ちた。(中略)萬歳の声は暫くの間、各方面に聞こえた(中略)。「第三軍は如何」、

「旅順はまだか」と夏頃から待っておったのであるから、今夜僕らの喜悦は実に大なる物であった。同時にこれがために志気の奮興（興奮のことか…筆者）したこと数層倍である。

（『多門二郎日露戦争日記』1月1日付）

旅順陥落はちょうど正月と重なったため、日本各地は祝賀ムードに包まれました。提灯行列も繰り返されています。とはいえこの作戦に投入された兵力は13万名、そのうちの約半数の6万名が死傷者という惨憺たるものでした。ロシア軍の戦死傷者も、投入兵力の半数を超える4万6000名でした。

県村の兵士たちはどうだったのでしょうか。東御市遺族会の調べによると、日露戦争全体を通じての戦病死者数は11名ですが、そのうちの9名がこの戦闘で戦死しています。

前掲の小山の手紙には年賀状を出すなという命令が出たとありますが、小林彦次郎の元にはこの年の年賀状が何通か届いています。命令の裏をかくような「手引」まであったようです。兵士たちにとって、いかに軍事郵便が大切だったかがよくわかります。

明治38年1月1日

年賀の賀信廃止の筈に候えば、発送に好都合なる手引これあり候。そのため、特に恤(じゅつ)兵(ぺい)品のハガキを以て賀状贈呈候あいだ、御了承くだされたく候。

（出征第三軍第一師団兵站弾薬縦列隊砲曹長　横関伊勢太郎）

旅順陥落後、第三軍の大半はロシア軍との決戦を求めて、ほかのすべての満州軍と合流すべく北進していきました。占領後の旅順は、残った第三軍によって軍政が敷かれました。少し長いのですが、戦闘後の旅順市街の様子をよく伝えていますので引用します。

明治38年2月3日

軍は皆北進しまして今は少しの守備兵がいるのみです。（中略）入城当時は、居住民は避難所から帰ってこなかったと見へ、露兵より他は見当たりませんでした。当時、健康な兵は武装を解き、大きな風呂敷包を背負い新市街へと集合しましたが、その様は実に見られませんでした。吾々の入城するのを負傷兵など繃帯(ほうたい)のまま窓よりのぞいていました。足を傷めたとみえて杖に頼る者などが病院前で我々を迎えましたが、これを見ては、昨日までは我が戦友を銃弾にて悩ましものを、今となりては実に気の毒の観念さえ生まれました。人の住んでいた家屋は、残らず病院でした。負傷兵や病者が沢山で、病院のみにては不足。その半数以上は新しく病院に充てたものです。我が巨弾の爆発した惨状は、実に目も当てられません。雲を凌ぐ如き高き建物も、幾多の巨弾のために屋根は破れ近傍(きんぼう)（近所）数十間の間に柱や瓦などが飛散するやら轟然(ごうぜん)たる響のために硝子窓の破裂などは実に悲惨である（中略）。一番小気味の善いのは、軍港内にある六隻の巨船の煙突は折れ檣（マスト）は砕け砲は海水に浣(あらわ)れ或いは傾きて赤き腹を出しおるのです。

（旅順軍政署附第一師団憲兵隊補助憲兵伍長　小山久五郎）

つい先日まで、戦友を殺したかも知れない敵ではあっても、傷ついた兵士を目の当たりにした時の〈気の毒〉という気持ちは正直なものでしょう。戦闘が終われば人間的な心情が戻ってきている様子にほっとさせられます。戦争には勝者も敗者もないとはよくいわれますが、彼らもそう感じたのかもしれません。もっとも一方では敵の軍艦が破壊されて無残な姿をさらけ出している様子を〈小気味の善い〉と感じてもいます。これもまた、正直な気持ちでしょう。

4　遼陽から沙河会戦へ

1904年夏から旅順攻囲戦とほぼ並行して、南満州の地でも大がかりな戦闘が繰り広げられていました。

鴨緑江渡河作戦での勝利後、摩天嶺でロシア軍を撃退した第一軍は、さらにロシア軍の根拠地であった遼陽を目指して追撃していました。第二軍も南山を攻略した後、得利寺から大石橋へと追撃、さらに遼陽を目指していました。さらに野津道貫を司令官とする第四軍も加わり、三方面から遼陽を攻撃するという布陣が敷かれていました。

遼陽は戦国時代からの重要な軍事都市でした。また三国干渉の見返りとしてロシアが敷設した東清鉄道が走る要衝の地であり、大きな陣地を構築していました。日本はここを占領することは戦争全体の勝敗を決するほどの大きな意味があると考えており、ロシア軍ももちろんそれを承知していました。それゆえ、ここでの攻防も激烈を極めました。その前哨戦ともいうべき第一軍の様子嶺での戦いです。

明治37年８月４日

ここは遼陽の第一防禦(ぼうぎょ)にて、敵も約二個師團もこれあり候ゆえ我が近衛師団も非常に苦心つかまつり候。なお不意または急の戦ひゆえ、我が中隊如きは浅田支隊に属し一日ふた晩眠らずの行軍にて人馬の苦労は名状すべからず。加ふるに道路粗悪のため、予定の時間より約二時間も遅れ候。しかし、朝の五時より晩の九時まで戦ひ、敵もよく抵抗せしゆえ、我が師団にて死傷者約四百二十人これあり。この内我が砲兵聯隊にて三十七名これあり候。歩兵第三聯隊に多くの死傷者これあり候ゆえ、柳澤今朝一君の安否は如何にと聞きしに、幸いにして無事なる由にござ候。この日の戦ひにて砲兵陣地へ弾の来たりしは非常の事にて、小生も靴に一ヶ所貫通せしも身には異状これなく候ゆえ、御安心くだされたく候。軍務多忙のために、また後便にて申し上げ候。

（近衛野戦砲兵聯隊第四中隊　日向豊太郎）

戦闘の四日後に書かれたものだけに、切迫感が伝わってきます。

〈一日ふた晩眠らず行軍〉でしかも〈道路粗悪〉。そこを大砲や武器弾薬を運搬しながら武装しての行軍であるため、予定よりも遅れています。戦う前にすでに疲労困憊していたはずです。にもかかわらず〈朝の五時より晩の九時まで戦〉ったのですから、〈我が師団にて死傷者約四百二十人〉〈我が砲兵聯隊にて三十七名〉の犠牲者が出たのも、うなずけます。

日向は白兵戦を強いられる歩兵と違い、砲兵でしたので、まだ危険は少なかったはずですが、それでも〈砲兵陣地へ弾の来〉て危うかった体験をしています。この戦闘には、前掲の詳細な日記を残した多門二郎も第一軍の小隊長として参加していました。

（行軍中に）人員を調べると、僕の小隊は（中略）落伍者が二七名の多きに達し（中略）、暑気と疲労と空腹とで、多くは日射病に罹ったのである（中略）。可哀想ながら病気にかかった者は道路に棄てることとした（中略）。今日の戦さは、炎熱と疲労と空腹との戦さ。

（『多門二郎日露戦争日記』7月30日付）

〈病気にかかった者は道路に棄てる〉と平然と書いているあたりにも、戦場の非情さが伝わってきます。〈炎熱と疲労と空腹との戦さ〉の次に待っていたのがロシア軍との戦闘でした。

８月23日、第一軍・第二軍・第四軍がそろい、遼陽のロシア軍基地を取り囲む戦線が構築されました。25日夜半から26日にかけて、数キロに及ぶロシア軍の防禦線に向けて一斉に攻撃を開始。しかし、この攻撃は９月４日、ロシア軍のいきなりの退却を受けて、突然終了しています。定石通りであれば、退却を始めた敵を追撃するはずです。しかし、この戦闘に13万４５００名という大軍を投入したにもかかわらず、それはもはや無理でした。この戦闘での日本軍の死傷者は２万３５００名を超え、加えて武器や弾薬も底を突き始めていました。いっぽうロシア軍は兵力で日本軍を上回る22万５０００名を投入、戦死者は２万名でした。

この戦闘を振り返った手紙です。

明治37年9月13日

過般の遼陽攻撃にて（もはや御承知の事なるべし）敵国の陣地の構築など、ところどころ見回り候えどもよく聞きしに勝る好敵手、相手には不足これなく大和民族の大いに雄飛するの期に際し、誠に面白き次第と存ぜられ候（中略）。八月二三日よりほとんど十日間、ろくろく睡眠を取らず。食事なども時には二食一食（中略）、昼夜の別更に不明と相成り候（中略）。ことに工兵にありては道路ならびに砲兵陣地の構築に日も不足して忙殺され候。実に山間戦は工兵泣かせにござ候。

（野戦近衛師団工兵大隊第二中隊付　丸山健一郎）

丸山は工兵でしたので、砲撃準備のために砲台を設置していました。道路や足場の悪い中での作業に〈泣か〉されたことがわかります。それに対し、相手の構築物には〈聞きしに勝る好敵手〉と素直に感心しています。

それにしても戦場は過酷です。〈八月二三日よりほとんど十日間、ろくろく睡眠を取らず。食事なども時には二食一食〉〈昼夜の別更に不明〉という状況にさらされているのですから。苦労は戦闘だけではなかったことが改めて伝わってきます。

多門二郎も、遼陽での戦闘の様子を書いています。

今度の攻撃は、明日未明夜襲をするので、その方法たるや全く銃剣突撃である。弾丸は、はじめから全然装填をせぬ。しかして三寸ばかりの幅の白木綿が支給されて、将校以下左の腕に巻き付けた。「問号、答号」も定められた。すべて夜における同士討ちの如き混雑を防げる手段を取った。（中略）僕の前面は敵が接近しているので、ややもすれば兵が後ずさりする気味がある。僕は極力叱咤した。「退がる者は切るぞ」「後へ一歩も退がってはならん」（中略）前面の壕の中にも敵の将校（中略）。かの将校は始めは号令で一斉射撃した。（中略）この日の戦では将校以下の死傷者がすこぶる多く（中略）、全員の約半数が二、三十分の戦でやられた。夜襲というものは一度にひどく参るものである。

（『多門二郎日露戦争日記』8月25日付）

書き写していて愕然としました。旅順攻囲戦で大敗した白襷（しろだすき）隊と全く同じ作戦ではありませんか。〈白木綿〉を使用している点も同じ。いくら戦場でも〈前面は敵が接近しているので、ややもすれば兵が後ずさりする〉のも人間の本能からすれば当然のことでしょう。しかし、〈退がる者は切るぞ〉〈後へ一歩も退がってはならん〉のが軍隊でした。

しかも、これは単なる脅しではありませんでした。前掲の大江志乃夫は『日露戦争の軍事史的研究』の中で、「みせしめ」のために退却しようとした兵士を将校が斬った事例が複数あったとしています。ここでも〈全員の約半数が二、三十分の戦でやられ〉、〈夜襲というものは一度にひどく参るもの〉という多大な犠牲を出しています。白襷隊の教訓が全く生かされていないことに驚かされます。失敗を共有して次に生かすという発想はなかったのでしょうか。〈弾丸は、はじめから全然装填をせぬ〉とした理由もわかりません。日向豊太郎もここにいました。

明治37年9月21日

去る八月二三日より九月五日にわたる遼陽攻撃の連鎖戦闘に幸いにして身に軽傷だも負はず。誠に僥倖(ぎょうこう)の事と喜びおり候。これも御貴官方の御蔭と思ひ候。しかし、十四日間に約五時間眠るのみ。これには閉口つかまつり候。（中略）十六日の如きは我が中隊の発弾数千五百発の多きに候。聯隊にて一万以上になり候ゆえ苦戦の程をお察し下されたく候。敵の発弾数も約二万以上と思ひ候。この攻撃中大雨二三回。

（出征第一軍近衛野戦砲兵聯隊第四中隊　日向豊太郎）

〈身に軽傷だも負はず〉が、最も伝えたかったことでしょう。それにしても戦闘が始まってからの睡眠時間が〈十四日間に約五時間眠るのみ〉。すさまじい過酷さです。戦闘中、将校以上は現地の人々から接収した民家に起居し、雨露をしのげることも多かったのですが、兵卒の多くはテントでの露営でした。睡眠時間が短かっただけでなく、ろくに体を休ませることもできなかったと思われます。

この戦闘でも一進一退の攻防が繰り広げられましたが、９月３日から４日にかけて突然ロシア軍が退却を始め、遼陽城内に日本軍が入った時には既にいませんでした。この戦闘では日本軍が13万４５００の兵力のうち、２万４０００名近くが死傷しました。ロシア軍は22万４６００を投入、２万名近くが死傷しています。しかし、北進するロシア軍を追撃する余力は日本軍にはありませんでした。総司令部は、兵力の温存に努めるしかなかったのです。

ロシア軍が北に引き揚げてから１カ月後、遼陽を兵站（へいたん）基地としていた日本軍に対し、奉天にいたロシア軍が増援部隊を加えた大部隊で攻撃してくるという情報がもたらされました。現地司令部は混乱しました。現地で態勢を整えて迎え撃つか、それとも北進して機先を制して戦うのか。激論の末、北進して戦うことに決まり、中間地点からやや奉天寄りにある沙河まで進軍したところで両軍が対峙しました。沙河（さが）の会戦です。

明治37年11月8日

再三攻撃に参与致し候えども幸い微傷さえなく、その後前哨線防禦陣地および地雷火や鐵條(てつじょう)門等の防禦致しおり。近日また攻撃の様子にござ候（中略）。当地方目下氷三寸位、だんだんと重なり前に張りたる氷はとける事なし。本月四日降りし雪は消えず実に甚しくござ候（中略）。名誉の戦死者小野量次郎殿、田中藤之丞殿と承り候。（中略）左翼にては毎日砲声致しおり候。吾が前面、時々衝突致しおり候。

（野戦近衛師団工兵大隊第二中隊付　丸山健一郎）

田中藤之丞の戦死は前述の通り。小野量次郎は誤報で、負傷で済んで後送されています。この手紙の書かれた11月初旬、大陸はもはや真冬の様相を示していました。

明治37年11月11日

沙河の会戦は、非常の急戦にて遼陽の戦ひよりは遥に勝ちの事と思ひ候。我が死傷者は遼陽より少く候へども敵方にも遼陽よりは大打撃を与へし事は与へ候。なおまた遠からず一大戦あるならんと思ひ待ちおり候。今当軍は奉天の東南方五里の所にこれあり候。今は敵と接近致しおり候ゆえ、各方面に銃声は毎日にござ候。昨夜も敵は我が近衛師団の前面に大夜襲をなし来たりも皆撃退致し候。我が死傷者は少く、敵は死者三百にも置き去れり故に夜も誠に安心して眠る事ともおぼつかず困り候。沙河の戦にて我が中隊にては即死八名負傷者十五名これあり候。

（出征第一軍近衛野戦砲兵聯隊第四中隊　日向豊太郎）

命は数の多少で測れるものではありませんが、〈我が死傷者は少く、敵は死者三百〉のあたりに、犠牲者の少ない方が勝ちと考える戦争の冷酷な現実をみる思いがします。ちなみに沙河会戦の日本軍の兵力は12万名、うち2万名が死傷者です。ロシア軍は22万名の兵力のうち4万1000名が死傷しています。日向のいう通り、〈大打撃を与〉えてはいますが、日本軍の死傷者も決して少なくありませんでした。

この戦闘の後、ロシア軍は沙河の北方に陣地を構築し始めました。しかし、日本軍はそれを追撃することなく、このまま沙河を挟んで南側に冬営するとの命令が下されました。投入された兵力の差以上に武器や弾薬の不足が深刻だったからです。旅順の戦いに全力を傾けている同じ時、こちらの戦闘に十分な弾薬を補給する力はとてもありませんでした。

厳冬期を迎えて、補給品も不足気味でした。大本営も〝国力の限界を超える〟として、戦線の拡大が不可能なことはよく承知していました。

5　奉天会戦と樺太占領

１９０５年1月24日、奉天にいたロシア軍が急きょ南進を開始しました。日本軍の拠点の一つであった黒溝台が手薄だと見破られ、そこへの攻撃が始まったのです。

虚を突かれた日本軍は大至急、ここへ兵力を集中。なんとか持ちこたえましたが、氷点下数十度の酷寒の下での戦闘は、日本軍5万名の兵力のうち９０００名の死傷者が出ました。しかし、有利なはずのロシア軍は、なぜか日本軍以上の戦死傷者を出して奉天に引き揚げていきました。この背景にはロシア国内の深刻な問題があり、それが兵士の戦闘意欲低下や混乱を引き起こしたと考えられています。

戦闘直前、ロシアでは帝政による圧政や日露戦争に反対する人々が大規模な反対運動を起こしていました。１９０５年の1月22日、平和的な抗議行動に対して、ロシア皇帝の命を受けた軍隊が武力でそれを鎮圧。無防備な多数の市民が死傷。「血の日曜日」といわれた事件です。これにより、ロシア国民の気持ちはますます皇帝政府から離れ、革命運動が盛り上がっていきました。当時のロシア帝国公使館付陸軍武官の明石元次郎は、スウェーデンを拠点に諜報活動を展開。多額の資金を使って革命軍を援助するなどして、ロシア帝国崩壊を画策したといわれています。

「血の日曜日」事件は、兵士たちにも厭戦気分を広げ、軍指導部内部にも崩壊するほどの深刻な亀裂が走っていました。日露戦争で勝利とされる場面では、しばしばこうした〝敵失〟に助けられているのですが、それはもちろん日本国民の知るところではありませんでした。

2月、旅順を陥落させた第三軍の主力も奉天に向けて北進を開始。沙河で対峙していたすべての軍も北進を始めました。同月下旬、第一軍から第四軍までがすべて集結。奉天城にいたロシア軍を三方から包囲。満州軍総司令官の大山巌は、「日露戦争の関ヶ原というも不可ならん」と訓示したといいます。

〈関ヶ原〉の名の通り、日露総力を挙げての戦いでした。日本軍25万の兵力に対し、ロシア軍は32万。それでも日本軍には精一杯の兵力でした。現役兵だけでは圧倒的に不足しており、多くの後備兵が参戦させられていたのは前章で触れた通りです。後備兵はいったん兵役を退いた、おおよそ30歳を超える比較的年齢の高い兵士たちでした。次の手紙を書いた関口源蔵もまた、日清戦争にも従軍したことのある31歳の後備兵でした。彼の所属した梅沢旅団は後備兵で構成されていましたが、その割には活躍したということで、後に「花の梅沢旅団」として有名になっています。

明治38年3月28日

今回奉天附近の戦斗につき、我が所属の梅沢旅団は軍の中央にこれあり（中略）。その後方の高地の敵を撃退し、八日より追撃を続行し渾河（こんが）右岸に於いて敵の防戦せしを破り、進んで新臺子の敵と闘ひて停車場を占領（中略）。十六日未明鉄嶺城を占領し、同所に守備致しおり候（中略）。小生幸いに無事、御安神下されたし。

（近衛后備歩兵第一聯隊第二大隊第五中隊第一小隊　関口源蔵）

関口もまた〈幸いに無事、御安神下されたし〉を最も知らせたかったのでしょう。戦闘は3月1日から10日ほど続きましたが、突如終了しました。ロシア軍が十分な兵力を残したまま奉天を明け渡し、退却を始めたからです。しかし、それを追撃しようにも死傷者7万名を出した日本軍には、兵力も武器弾薬も全く余力がありませんでした。3月10日、日本軍はロシア軍の引き揚げた奉天城へ入城。新聞各社は号外を出して、奉天占領を大々的に伝えました。

明治38年3月25日

我が重砲兵連隊は北進して直ちに第二軍に属し、奉天の正面攻撃でありました。我が重砲兵は二月二八日より攻撃を開始し、更に陣地を進めて本月十日に魚鱗堡まで前進しました。ところが（中略）敵兵は退却したとの事で実に驚きました。それまでは頑強に抵抗しておりまして、珍しく我が重砲兵も七、八十名の死傷者を出しましたが不意に退却したので実に「あつけ」に取られました。（中略）直ちに奉天の停車場まで前進しましたところが、停車場は最早一面の火事でありました。（中略）焼けたのは皆糧食でありました。実に沢山あつたにはおどろくばかりでした。ここにロスケの病院がありまして、負傷者が沢山おりました。（中略）それにつけても哀れなのは支那人であります。家は焼かれ家具はこわされ寝るところも何もありません。実に悲惨のありさまであります。

（満州軍野戦情報兵連隊　掛川伊勢次郎）

ロシア軍の突然の退却に〈あつけ〉にとられた様子がよくわかります。また、撤退に当たり、日本軍に食糧を渡さないために放火したことなど、戦争の実態がよく伝わってきます。

掛川も〈哀れ〉な〈支那人〉の〈悲惨のありさま〉に着目しています。彼自身もまた本来は一庶民だったからでしょう。しかし、同情はしてもその悲惨さが自分をも含む日露の身勝手な戦争によって引き起こされたということまでには思い至ってはいません。

奉天での日本の勝利は、ロシアや日本に講和を考えさせ始めました。戦争を続けるには双方とも厳しい事情があったからです。明治38年4月3日付の『東京朝日新聞』の記事です。

> 露国は日本との提議（ていぎ）（会議での提案）に基づき、米大統領ルーズヴェルト氏を調停者に選挙し、目下談判を進めつつありと。また曰く露国は賠償金ならびに土地割譲を容（い）るゝこと能はざる旨を述べたる由。もし事実ならば談判は無用なり。

ロシアが戦争終結を〈提議〉してきたのは、革命運動の激化に苦慮しており、戦争の早期終結を画策していたからです。それに対し、この記事のような〈賠償金ならびに土地割譲〉が得られないなら〈談判は無用〉という強硬な姿勢が日本の世論でした。新聞がそれをリードしたともいえます。後の日比谷焼き討ち事件に通底するものを見ることができます。

しかし、この主張は空疎なものでした。日本側にも深刻な事情があったからです。これまでも繰り返し述べてきたように、兵力や武器弾薬を購入する戦費などが圧倒的に欠乏し、戦争継続はもはや不可能でした。伊藤博文や山縣有朋など政府首脳もそのことはよく承知していました。

講和の斡旋を買って出たアメリカのルーズベルト大統領にも目論見がありました。戦後の満州権益の一部を獲得したいという期待があったのです。しかし、この時点で報道された講和はその実現までにはまだかなりの紆余曲折があり、締結されたのは半年後でした。

明治38年4月16日

戦争は、予定の如く敵を遠く「ハルピン」方向に退却せしめ、ここに一段落を告ぐるに至りしは実に国家のために慶賀の至りにござ候。一時は諸新聞に講和を結ぶ説がかかげられ、出征の将士大喜びにてこれあり候。しかし、この頃に至りては、何となく右風説も冷ややかに相成り候模様にて、一同落胆致しおり候。願わくは一日も早く敵を全満州より追ひ退け、めでたく凱旋の日の来たらん事を望みおり候。何とぞお笑ひ下さるまじく候。右は、小生の意見のみならず出征全軍の将士一般の希望にござ候。呵々（かか）（大声で笑う様子）。

（出征第三軍第一師団兵站弾薬縦列　横関伊勢太郎）

横関たちをいったんは喜ばせた〈講和を結ぶ説〉ですが、結局〈風説〉に過ぎませんでした。〈一日も早く〉凱旋したがっていたのは〈出征全軍の将士一般の希望〉だったのです。〈何とぞお笑ひ下さるまじく候〉と念を押したり、〈呵々〉と照れているあたりに、帰国への強い正直な気持ちが読みとれます。

ちなみに3月10日の奉天占領は翌年、陸軍記念日に制定されました。日露戦争の〈関ヶ原〉に勝利した日という理由付けでした。とりわけ小学校においては、海軍記念日（5月27日）とともに特別な日とされました。当日は校長講話やさまざまな記念行事が行われ、子どもたちにその日は強く印象づけられました。例えば小県（ちいさがた）郡本原尋常高等小学校の明治43年3月10日付の学校日誌には、次のような記録があります。

明治四十三年三月十日、第一校時全校体操場にて奉天占領記念の訓示をなす。横沢訓導、奉天会戦につき。校長またこれに関して講話をなす。終わりより尋常五年以上は長村の横沢まで、尋三、四年は山家神社まで、尋一、二年年は一斗坂までの長距離をなし、心身鍛練。

この二つの記念日は、アジア太平洋戦争開戦前後からますます重視されていきました。

１９０５年5月27～28日、日本海海戦で連合艦隊がバルチック艦隊を打ち破りました。ここに日露戦争の帰趨（きすう）はほぼ決しました。県村出身兵士で日本海海戦に参戦した兵士はおらず、軍事郵便全体でもこの戦闘についての記述は伝聞のものしかありません。

この後講和会議は、一挙に具体的になっていきました。ロシアでは戦艦ポチョムキン号の水兵反乱が勃発。帝政はさらに激しく揺さぶられていました。日本政府はこの機に乗じてより有利な条件での講和を目指し、ロシア軍の手薄な樺太占領のために第十三師団を主力とした部隊を派遣することを決定しました。１９０５年6月15日に明治天皇が裁可、翌々日に出動命令が下されました。

明治38年8月6日

吾が北遣艦隊は幾多の軍送船に十三師團の健児を乗せて堂々としてアニワ湾の濃霧を破りて顕はれたる事に候へば、さしたる抵抗をもなし得ず、「コルサコフ」を焼きて北方に遁(のが)れ行く。いくばくもなくその指揮官は降伏致せる様の始末にてこの南部は上陸後旬日ならずして全て平定（中略）。しかしながら輸卒(ゆそつ)といふ事に付きては今回目のあたりにその勤務の有り様を見て、部下に対して同情にたえざる儀に候。吾が輸卒隊の如きは（中略）多きは十六時間、少なくも十四時間は日々労働いたしおり候（中略）。部下に於いてもすでにこの激労に耐へかねて、また一つは風土のしからしむるためか十余名は脚気(かっけ)患者となり、今は入院の身と相成り候（中略）。敵総督以下ことごとく皆降伏致し候へば、吾らも近々のうちに他の場所へ転じ候はんか。

（第一師団第廿弐補助輸卒隊　大熊辨七）

日露戦争は、自衛のための止むを得ない戦いだったと当時から喧伝され、今でもそう主張する言説があります。しかし、この樺太占領からは〝自衛のための戦争〟という面は一切見えてきません。

気になるのは脚気です。前述の通り陸軍でも少しずつ麦飯に替えられていったはずですが、戦争末期のこの時点でも〈十余名〉が罹患(りかん)しているのです。陸軍では、まだ森林太郎はじめとする細菌説を主張する軍医たちが力を持ち、脚気対策が不十分でした。

大熊は、軍曹として船からの陸揚げや兵営建設などに携わった補助輸卒の監督に当たっていました。それにしても、〈十六時間少なくも十四時間〉の〈激労〉を強いられている補助輸卒の何と過酷な勤務でしょうか。ただ救いは、部下たる補助輸卒への大熊の優しいまなざしです。

Column 1

「最新兵器」電信

戦争では、常に最新鋭の科学技術が駆使されます。日露戦争では、その一つが電信でした。ウラジオストックと長崎、長崎から東京という電信線が完成したのは1875年。東京とヨーロッパは電信によって結ばれるようになっていました。日本海海戦の勝利の要因の一つは、イギリスからもたらされるロシアのバルティック艦隊の動きをあらかじめつかんでいたことでした。これは電信があったからこそ可能でした。

日露戦争開始直前、電信線は長崎と韓国南部の巨文島を結んでいました。その後、韓国を縦断しながら延伸され、戦況の進展にあわせて旅順へも延伸されていったのです。

旧県（あがた）村出身兵士の少なくとも3名は、電信隊に所属していました。小県郡義勇会編集の『義勇録』によると、彼等の任務は、「通信所軍用電線架設ヲ始トシテ凱旋（がいせん）ニ至ル迄同軍務ニ従事」でした。その一人、加藤亀重の手紙です。

明治38年5月31日
出発後は柴河堡と称する一部落に舎営致し居り候て、相変わらずいつも諸団の連絡係にて軍用電線の架設に従事、多忙を極めおり候。
（第一軍近衛師団第一野戦電信隊　加藤亀重）

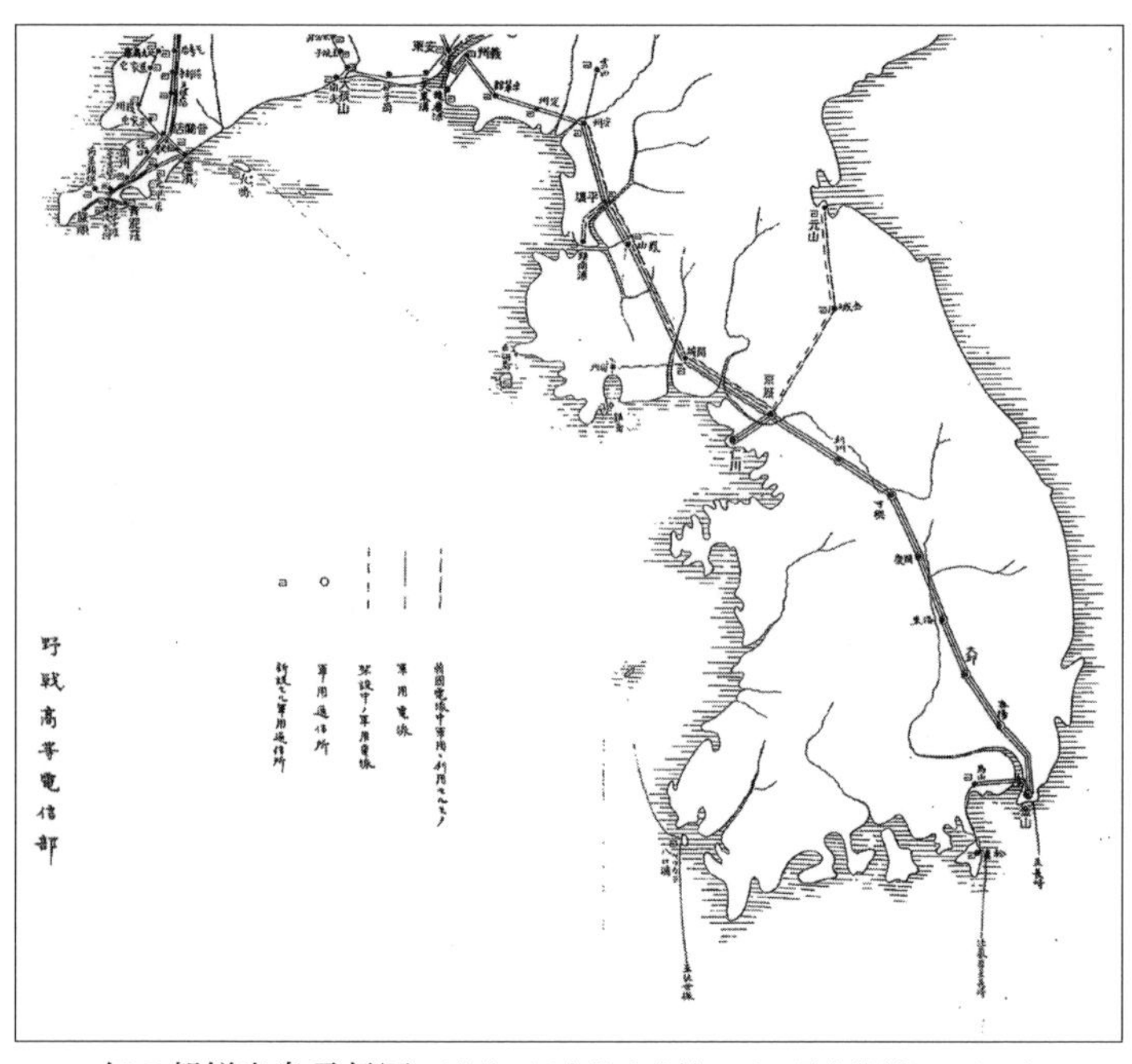

1904年の朝鮮半島電信図（出典：国立公文書館アジア歴史資料センター）

当然のことですが、ロシア軍もまたこの最新鋭の技術を使っていました。戦争は砲弾や銃弾を撃ち合うだけではありません。情報網の切断や情報収集する戦いもまた熾烈でした。

明治37年10月10日
引続き仮装、弁髪（べんぱつ）に支那服着用の化け物と相成り、口中の臭ひチャンコロを相手に豚小屋生活。粟飯や高粱（こうりゃん）粥に馬腹を肥やし、時には露服深々青天井に立ちん坊を演じ、露助の脈絡と頼る電信線切断の任務を実行し、時には敵地に深く侵入して信書の奪取や兵站（へいたん）線の襲撃を行ひ露助の奴らを欺き殺すこともこれあり。

いつもながら死にもの狂の腕白を極め、無事消光致し（日々を暮らし）おり候。（中略）爾後ますます奮闘砕身、終局の目的に向かひ懸命につかまつるべく候。

（大本営陸軍幕僚附　関時太郎）

〈露助の脈絡と頼る電信線切断の任務〉〈敵地に深く侵入して信書の奪取や兵站線の襲撃を行ひ露助の奴らを欺き殺すこと〉などなど、生々しく任務を書き連ねています。検閲はありましたが、こうしたことは一般によく知られており、隠すまでもないと考えられたからでしょう。

〈仮装、弁髪に支那服着用の化け物〉〈口中の臭ひチャンコロを相手に豚小屋生活〉など、あからさまな蔑視です。軍隊内ではもちろん、国内でも一般に共有されていた認識だったのでしょう。「日露戦争はアジアの植民地解放のための戦いだった」という言説の誤りは、こうした点にも見出すことができます。こうした蔑視感は、後の満州事変やアジア太平洋戦争を経て、さらに醸成されていきました。

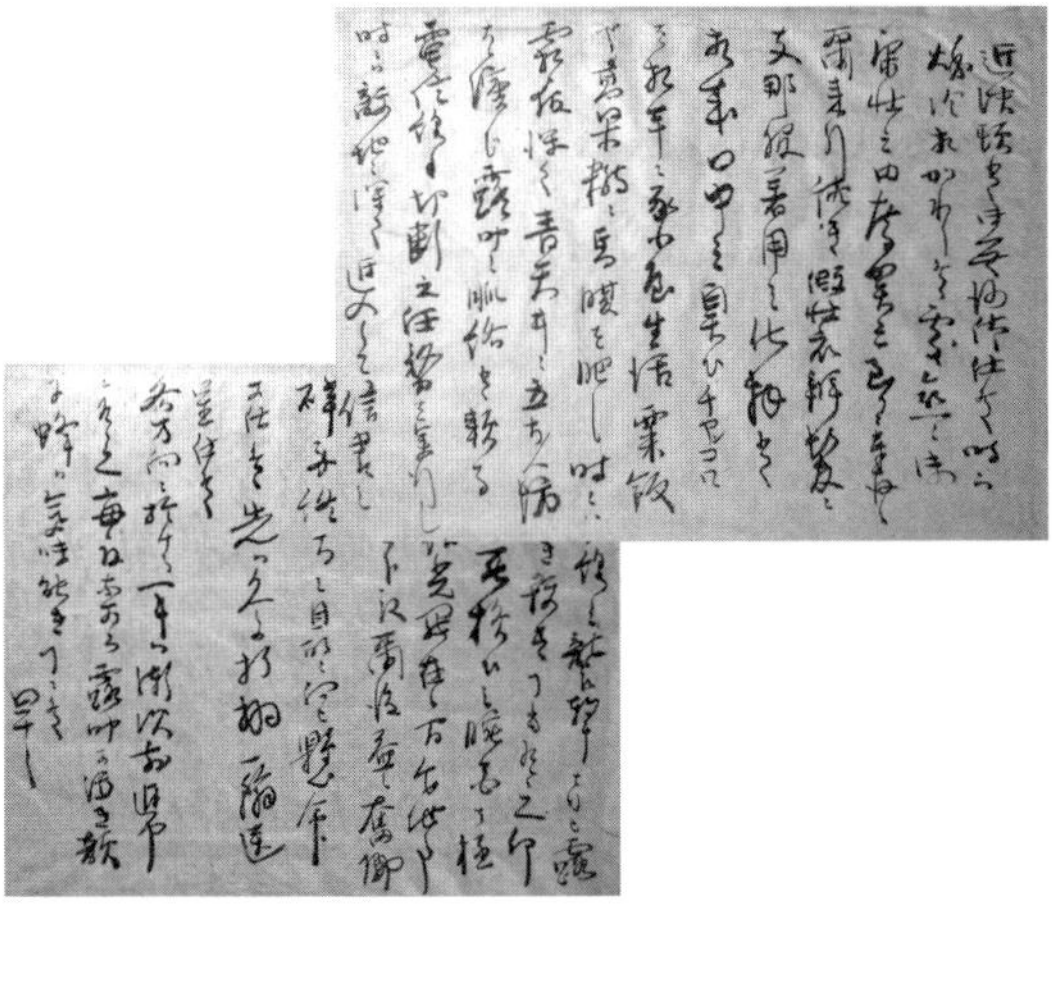

第4章

戦場の現実

1　戦死の覚悟

日露戦争には約108万名以上が従軍し、戦死および戦病死者数は約8万4000名に上りました。全体の7・8％です。日清戦争に比して従軍兵士数が約4倍なのに対し、死者数は6倍以上にもなりました。機関銃や鉄条網など兵器の〝進歩〟に加えて、無謀な作戦が犠牲者を増やしたことは前章で見た通りです。戦病死については後述します。そんな中で、兵士たちは戦死にどう向き合ったのでしょうか。

県村（あがた）から出征した83名のうち、11名が戦死および戦病死しました。13・3％にもなり、全国平均より高い数値です。これは、彼らの多くが所属していた高崎第十五連隊が第三軍第一師団に組み込まれ、旅順攻囲戦に参加したことと関係があると思われます。丸亀第十二連隊などの致死率が高いのも同様です。

第一次旅順攻囲戦の戦闘で自らも負傷した小野量次郎の伝える戦死者の様子です。

明治37年9月16日

旅順背面の戦況は、機密の内にもボツボツと相みえ、高崎や丸亀辺りの聯隊は殆ど全滅などとの噂これあり候。その頃宮坂由三郎君より書面が参り、同氏の負傷ならびに山岸氏の戦死を知り、且つ御貴殿の芳書により益雄君など諸勇士方の悲報を得て、院内は一同水を打ちたる如くに相なり候。

（東京予備病院渋谷分院第三区三十五番室　小野量次郎）

小野は第一回目の旅順要塞攻撃に参加していました。3章で述べた通り犠牲者続出でしたので、〈院内は一同水を打ちたる如く〉というのもうなずけます。高崎連隊も丸亀連隊も〈全滅〉は免れましたが、そう伝え聞くほどに戦死者が多かったのです。しかし、そうした戦況すらも〈機密〉扱いでした。なお、〈益雄君〉とは同郷の小林益雄を指すと思われますが、重傷を負ったものの国内の病院に後送され助かりました。情報の錯綜（さくそう）はここでも起きています。

戦死には「名誉の」という形容詞がつきました。死者を顕彰することによって、遺族や兵士たちの怒りを国家に向けさせず、戦争自体に疑いを持たせないためです。靖国神社や各地の招魂社（１９３９年に護国神社と改称）はそのための重要な施設でした。村葬などのセレモニーの実施、わずかな、それでも貧しい庶民にとっては決して少なくない額の見舞金で戦死を納得させようとしました。

当時よく知られていた文部省唱歌「広瀬中佐」に代表されるように、戦死はしばしば美化され、利用されました。とりわけ小学校では、修身や国史などの格好の教材として取り入れられました。「教育ニ関スル勅語」が発布されてから14年、国や天皇のために命を投げ出して尽くすことを繰り返し教えられていた兵士は、かなりの割合を占めるようになっていました。そのためでしょうか、出征前の手紙には死を覚悟した表現が多々見られます。もっとも検閲を考慮したいわば〝よそゆき〟の表現だった点は勘案する必要がありますが。

明治37年月日不明

懇篤なる御訓諭［くんゆ］（教えさとすこと）順［したが］ひ以て君の為、国の為、身の続く限り尽くさん所存にござ候間、御安心下されたく候。

（野戦隊喇叭手　宮下古光）

宮下のいた札幌第七師団歩兵二十五連隊は、１９０４（明治37）年10月まで国内に残っていた数少ない部隊でしたが、旅順攻囲戦での苦戦が続いて兵力を消耗、ついに第七師団にまで出征命令が出たのでした。後備（こうび）兵なども次々に投入されるほどの戦死傷者続出は、よく知られていましたので、宮下もその覚悟を恩師に伝えたかったのかもしれません。

　これを裏付けるエピソードが「北見市史編さんニュース」（「日露戦争一〇〇年」『ヌプンケシ』№70）に掲載されています。

> 大連では軍の雑役に使われていた人夫が上陸の際「どの方面へ行くんですか」と聞いていた。誰かの「旅順だよ」という答えに対して彼は眉をひそめて「ああお気の毒ですな」と云った。（中略）旅順に向う道すがら奉天方面に転戦する第八師団の砲兵とすれ違った時に、「やあまた消耗品が来たぞ」と彼等は砲車の上から叫んでいた。

　宮下らが北海道を後にしたのは10月26日、宇品（うじな）出港は11月13日、すべての部隊が大連に上陸したのは11月19日でした。３日後の11月22日には、明治天皇より「旅順攻略の機を緩（おろそか）にするを得ざる（中略）。この時にあたり第三軍総攻撃の挙あるを聞き時機を得たる喜び。成功を望む」の勅語が出されました。乃木司令官には一層プレッシャーがかかったことでしょう。この直後、白襷（しろだすき）隊による攻撃が行われ、犠牲者続出の惨状が広がったことは前章で見た通りです。なお白襷隊の約半数は宮下たち北海道第七師団でした。

宮下は前掲の手紙に続き、出征直前の10月19日にも手紙を出しています。そこにはあいさつのほかは、「先ずは御（無）沙汰の御詫びかたがた出発のお知らせまで。余は後便に申し上げるべく」としか書かれていません。しかし、「後便」が出されることはありませんでした。

この戦闘を第七師団の正史は、次のように記述しています。

> 師団は（中略）二〇三高地を奪取せんと（中略）天明を待つ。翌三〇日早天（そうてん）（明け方）、我が軽重砲は二〇三高地の敵塁に集中す。午前一〇時を以て歩兵の突撃に移る。敵は死力を尽して弾丸を雨中の如く撃つ。たちまちにして死屍山を為し鮮血川を為す。将士の倒るる者挙げて数ふべからず。されども素より猛烈決死の我が兵、邁進（まいしん）（勇気を出してひたすら進むこと）、鉄条網を裁ち切り（中略）敵塁に肉薄せしも（中略）逆襲を受くること数次に及び、兵員三分の二を失ふ。

この〈三分の二〉の一人が宮下でした。宮下に限らず、動員令に接した時点で戦死を覚悟した文面を書き送った兵士は少なくありません。いくつか列挙します。

明治37年3月20日

告別　動員既に完結し、屍を晒すの野も定まり本日正午十二時親愛なる軍旗と共に勇しく軍門を出てひと先ず廣島に向けて直行す。一旦敵地に入るの上は、生還敢えて期さざる所。足下（あなた様）の益々清栄たらんことを祈る。

（野戦歩兵十五聯隊第七中隊第一小隊第一分隊　小山久五郎）

高崎出発時に〈告別〉と書いた小山は、宇品出港時にもまた同様の覚悟を書き送りました。

明治37年4月22日

萬歳百雷の中に勇ましく出発つかまつり候。本日を以て、故国の地を踏まざるはかねて覚悟。また君も故国に於ける通報の終わりと知れ。

（野戦砲兵十五聯隊第七中隊　小山久五郎）

こうした覚悟を決めていた小山ですが、幸いにも1906年1月に元気に帰国しました。その間に計17通の手紙を出しています。

県村出身兵士の年齢幅は20歳から39歳までですが、多いのはやはり20代です。いくら死を覚悟していると書いていても、若い彼らです。死を、どのように受け入れようとしていたのでしょうか。

明治37年4月12日

私事この度の擧（ふるまい）は、人は僅か五十歳とこの世を一般にはかなむに、それに引き換え私は、その過般の年齢で生きるか死ぬか。何れにしても名誉といふ譯合（わけあい）（事情）なれば、専心愉快に日々軍務に従事致しござ候へば憚り（はばかり）ながら御安心下されたし。

（近衛歩兵第三連隊補充大隊第三中隊第五給養班　中島一誠）

何か悟ったような筆致です。死に〈名誉〉を付与することで、自分を納得させようとしていたのでしょうか。ちなみに当時の男性の平均寿命は44・25歳（厚生労働省「完全生命表」）。なお、中島は脚気(かっけ)を発病して戦線離脱、半年後に帰還しています。覚悟はしたものの無事故国の土を踏むことのできた小山や中島とは違い、覚悟が現実のものとなった兵士もいました。

明治37年7月24日

風体(ふうてい)（外見）等の困苦欠乏(こんくけつぼう)（必要なものが足りずに苦しいこと）に耐え、（中略）危険悲惨の中に戦ふは我らの勤めなり。今や国家危急存亡の時。身を軍籍に委ぬる士将、屍を馬革に包むの好時機たりけるに今回御丁重なる御慰問に接し感謝に堪えず候。将来ますます粉骨砕身君国のために尽し、以て御高恩に報はんと存じ候。新聞紙上に詳細はすでに御承知の御事と信じ候えども、小生の実践したる太平山の攻撃は当中隊などにては死傷者七拾五名の多きに達し、実に悲惨を極め申し候。

（第一師団歩兵十五聯隊第八中隊　宮坂精三）

宮坂は〈太平山〉だけでなく南山の攻撃にも参加していますので、多くの死傷者を目の当たりにしたはずです。〈実に悲惨を極め〉としか書けなかったのでしょう。改めて〈屍を馬革に包む〉覚悟を自分に言い聞かせたのかも知れません。

宮坂に限らず、眼前で血を流して死んでいく仲間の姿は大きなショックだったはずです。戦死者を追悼するだけでなくその家族へも思いをはせています。

明治37年10月30日

小池宮坂の両軍曹及び小林益雄氏の負傷は実にお気の毒の事にござ候。ことに山越大尉、山岸彦三郎氏、田中藤之丞氏の戦死に付きては、いかに国家のためとか名誉の戦死とは言いながらも誠にお気の毒の御事にて同情の涙禁じ難く、過去の事など思ひ出しては留守宅の御父兄及び御妻子などの御驚嘆御愁傷はさぞかしと実に遙かに推察たてまつり候。戦地とはいえ、戦死あり負傷あり、あるいは数多くの病死などもあり実に惨憺(さんたん)を極め、今日は人の身明日は我が身と古人の言う通り。この言葉は目下戦地にある吾々には実によくわかることと今さらの如く感じ申し候。

（第三軍第一師団兵站弾薬縦列附陸軍砲曹長　横関伊勢太郎）

横関の任務は砲弾の運搬でしたので、敵と直接交戦する場面は歩兵ほどはありませんでした。しかし、〈実に惨憺を極め〉た戦場を目の当たりにした実感がこもっています。〈いかに国家のためとか名誉の戦死とは言いながらも〉には、戦死を美化することへの抵抗感が読みとれます。死傷者の横たわる戦場に立った者こその思いでしょう。反戦まではいかないにしろ、厭戦まではもう一歩のところにいたといえるかもしれません。

明治38年6月19日

大熊大兄には、先月一日の偵察隊の時に名誉の戦死をしたとのこと。実に惜しむべく悼むべきであります。軍人は君のために身命を捧げる立場なれば、死をもって本懐とすべきことなれども、未来有望なる君を死に至らせしめるは国家のためとはいいながら惜しむべきことであります。

（出征第三軍野戦騎兵第十三聯隊第四中隊第一小隊　松林吉之進）

松林の手紙からも、〈有望なる君を死に至らせしめる〉戦争や国家に対しての批判や疑問が読みとれます。〈君のために身命を捧げる立場〉よりも、戦死を〈惜しむ〉気持ちの方がまさっています。手紙はすべて検閲されていましたが、この程度の本音であれば、特に問題にはならなかったようです。アジア太平洋戦争時であれば、とても書けなかった内容だと思われます。

横関に限らず兵士たちは、戦死を〈今日は人の身明日は我が身〉と捉えていました。それゆえ、助かったことは偶然であり、神仏のおかげだと思った者も多かったのです。

明治37年8月6日

近衛師団の戦死者は、将校歩兵中尉一名少尉一名砲兵中尉一名。他に下士以上五十余名にござ候。その他にも傷負者多く二百余名。小生は少しはあやうかりき、しかれども神仏のためか死に申さず候（中略）。実に工兵のこのたびの難所は甚し。工兵岡田中佐の進み過し故なり。傷負者五名死者一名輜重卒一名（中略）。近衛師団の墓地この死者六十二本（中略）。滞在中ゆえ墓参者さっとうすること甚だし。

（第一軍近衛工兵大隊二十二中隊本部附　丸山健一郎）

丸山たち第一軍は鳳凰城を拠点に北進、遼陽へと行軍していきました。山また山の行軍に多くの兵士が疲労困憊（こんぱい）し、病人も出ています。行軍の途中、川に橋を架けたり、道路を整備したりするのも丸山たち工兵の任務でした。途中の摩天嶺（まてんれい）では陣地も構築しています。もちろんその間にもロシア軍の襲撃があり、犠牲者が出ました。〈実に工兵のこのたびの難所は甚し〉は、地形の厳しさに加え、しばしば攻撃にさらされたことを指していると思われます。

　興味深いのは、そうした〈難所は甚し〉くなった責任を「工兵岡田中佐の進み過し故なり」としている点です。この行軍では、山中での行動が多かったため、兵士相互の間隔がかなり空いてしまい、指揮系統が乱れたり隊としてのまとまりを欠くこともあったようです。とはいえ、上意下達の命令を絶対視する軍隊で、ここまではっきりと上官の責任だと書いてあるものはほかには見当たりません。

　これまで見てきたように、兵士にとっては戦死を当然のことと受け止めていたかのような手紙は少なくありません。実際、彼らの目の当たりで戦友が倒れていく姿を見ているのですから。

明治37年11月21日

第一軍にては当輸卒（ゆそつ）隊より五十名なる歩兵を募集され、かかる好機により愚生も志願し、目下当地にて歩兵練兵中に候（中略）。結局は奉天に於いて大血戦の一部分に加わり、身名（しんみょう）（からだと命）を世に挙げて立てん事を希望つかまつり申し候。露よりもろき人の身なれば、一時の間もその運命はわからず。不幸にも死亡の事となれば、草葉の陰や靖国の杜にてこれまでの御厚禮を申し述べ候。

（近衛師六隊第三小隊第三分隊　小林幸次郎）

輜重（しちょう）輸卒の差別的な扱いについては前章の通りですが、歩兵に〝昇進〟させるための募集があった事がわかります。歩兵の方が戦死の確率が上がるのですが、それでも小林のように志願した兵がいたのは、よほど両者の差異は大きかったということでしょう。

もう一点注目したいのは、死後の世界を〈草葉の陰〉〈靖国の杜〉と表現している点です。戦死についての記述は多いのですが、〈靖国〉について述べているのは、わずかこの一通のみです。それも、〈草葉の陰〉とほぼ同義語として使われていますので、特別な思い入れは感じられません。アジア太平洋戦争では、〝靖国で会おう〟を合い言葉に、戦地に向かったとされていますが、この時点ではそうした〝靖国信仰〟は全く見当たりません。戦死者と靖国神社（創建当時は招魂社、１８７９年に名称変更）との関わりが大きく出てきたのは、日露戦争後でした。その理由は、「ロシアとの戦争によって、全国の町村では多くの兵士が戦死した。政府は、身近な犠牲者をいたむ民衆の気持ちを政府に引きよせるため、戦没者を神として靖国神社にまつってその名誉をたたえ、天皇や陸海軍部隊が参拝して盛大な合祀祭をおこなった」（高校教科書『日本史A』実教出版）からです。それを裏付けるかのように、小学校の修身教科書に靖国神社が登場するのは、日露戦争後の１９０７年の改編以降です。

なお、靖国神社の公式ホームページでは、戦死者を「国家防衛のためにひたすら『国安かれ』の一念のもと、尊い生命を捧げられた方々の神霊」として位置づけています。しかし、開戦に踏み切った政府首脳の思惑や兵士たちの手紙にしばしば登場する戦争の目的は、朝鮮の支配権確立や満州での利権掌握です。しかも、自ら〈尊い生命を捧げられた方々〉だったかどうかも、議論の余地があります。

2　戦場での病気や負傷

戦場は病気の巣窟でもありました。運よく戦死は免れても、負傷や病気によって戦線を離脱した者は、戦死者のほぼ4倍以上の約35万名（『統計資料　歴史統計戦争別死傷者数』帝国書院）。疾病の1位は、脚気（かっけ）でした。症状が進行すると手足が麻痺（まひ）し、最悪死に至る病気でしたので、罹患（りかん）するとすぐに国内の病院に後送されました。

明治37年9月5日

小生こと、不幸にて病魔の襲来を受け遂に後送され、去る三十一日に表記の所へ収用され治療中にござ候あいだ御通知申し上げ候。目下歩行すら不自由にて、誠に遺憾の余り涙を呑みつつ日々回復を祈りおり候。

（東京予備病院十三番室　懸川梅三郎）

懸川の〈歩行すら不自由〉は、脚気の典型的症状でした。7月から第二軍の一員として戦闘に加わった直後に発症、2カ月ほど現地の病院で治療を受けた後、国内に送り返されています。

明治37年9月13日

今回こそは遼陽（りょうよう）に於いて戦闘し、舞台に花を競わんと心竊（こころひそか）に思ひ行軍途上の苦労もそれに引きかえ転（うたた）（ますます）面白く送りおりしに、不幸なるかな遼陽の拾二里前方に於いて脚気と申す病弾に射られ、遺憾ながら希望もこれに遮られ、遂に内地へ後送せられ、左記の処に於て加療せられつつ不快の淵に沈みおり候。（中略）丈夫にならん事に専念努め候へしが、甲斐これあり大いに快方に趣き、この分にては退院も近きならんと存じ候。就きては再度出師（すいし）（軍隊に出る）つかまつるゆえ、戦友の弔い合戦をするか、あるいは生きながらへし戦友とともに何かできる事を考えながら今は申訳なく待ちおる次第。

（箱根町旅舎遠州屋　中島一誠）

中島はこの後、11月に召集解除となり〈再度出師〉はありませんでした。歩兵に志願した小林幸次郎も脚気で後送、召集解除されています。

戦場における脚気患者の続出は、極めて深刻な問題でした。内田正夫の「日清・日露戦争と脚気」（和光大学総合文化研究所年報『東西南北』）によりますと、『『明治二十七八年役陸軍衛生事蹟』でさえ、我軍の脚気患数は総計四万一四三一名…全入院患者の約4分の1を占め（中略）、脚気による死亡者は四〇六四人、古今東西の戦役記録中殆ど其の類例を見ざると書かざるをえない惨状であった（中略）動員総数約二〇万の日清戦争において、（公式に認定された者だけで）兵員の約二割が脚気患者だった」と紹介しています。

以上は日清戦争のデータですが、日露戦争においてもその数は減ってはいません。内田によりますと、「戦病死者三万七二〇〇余人中脚気による死亡者二万七八〇〇余人（約75%）」だったといいます。驚くべき数です。日露戦争全体の死者数の3割以上が脚気によるものだからです。これは、全兵力の2・6％近くにもなります。

当時、脚気は結核と並ぶ〝国民病〟でした。経験的に麦食で改善することは知られていても原因は究明されておらず、抜本的な解決策も見出されてはいませんでした。

戦場という劣悪な環境下では、脚気以外の疾病も流行しました。

明治38年5月31日

不肖こと四月上旬ふと悪寒、流行性感冒に犯され療養中。泣き顔に蜂とやら脚気病も併発し、遺憾ながら還送せらるるの悲境に陥リ、逐次転送せられ本月十六日無事表記の院へ収用せられ候。迅速に御音信申すべくのところ、戦中とはいえ病気のため還送とは如何にも愧(はず)かしく、連絡致さず候段、御海宥(かいゆう)（広い心で許すこと）下されたし（中略）。頃日(けいじつ)（先日）の診断の結果、三週間の帰郷療養を命ぜられ、その間不本意ながら帰宅の上再征の日を楽しみおり候。

（東京市麻布区広尾分院十二番室にて　桜井国一）

〈流行性感冒に犯され〉ただけでなく〈療養中〉に脚気にかかったのですから、〈泣き顔に蜂〉と言うしかないのもわかります。

流行性感冒は、横関伊勢太郎の手紙にも〈この頃に至り感冒大流行、満州熱とやら患いおおむね三十九度から四十度位の高熱、当縦列にても（中略）三十余名の入院する者続々〉（明治37年11月17日付）とあります。軍隊は集団生活なので、いったん流行すると次々と罹患するのは避けられませんでした。

明治38年10月2日

目下は丁度陽気の変わり時にこれ有り候へば、諸病気もしたがって発生致し当地の如きは満州熱大いに流行致し、当隊に於いても死亡したるもの多くこれ有り候。

（出征野戦重砲兵第四連隊　掛川伊勢次郎）

〈満州熱〉がどういうものなのか不明ですが、〈死亡したるもの多く〉というのですから、インフルエンザの一種でしょうか。この手紙が書かれた時は既に講和条約が成立、兵士たちはゆっくりと帰国の日を楽しみに待機していたはずです。そういう時にも〈満州熱〉は流行っていたことになります。

そのほか、腸チフスや膀胱（ぼうこう）カタル、痔疾患などで後送された兵士も少なくありませんでした。

戦死者の倍近い15万4000名の負傷者も、後送されていました。ほとんどが銃創でした。

明治37年11月17日

小生ことは実に軽症の事なれば、負傷後五拾日も経過せば十分に全治退院ならむと存じおり候。経過も頗（すこぶ）る良好にてありしが意外に時日を要し、九月二四日診断の結果転地療養の許可を得て熱海に湯治せしに効果著しく、四拾五日滞在の後去る七日当院に帰れり。創傷は創瘡（きずあと）を残してみな全治せしも切断せし右還指（かんし）（薬指）と同小指との局部は、朝夕冷気に触わるれば緑色を帯び物に感ずること甚だしく未だ退院の運びに至らず。自分ながらも余り進捗せざると驚き入り候。しかし、今後は全快退院も近きにあらむと思考つかまつり候。露助の奴に泡を吹かせくれむと今より楽しみおり候。

（東京麻布区広尾分院第一番室　宮坂由三郎）

宮坂は、第一次旅順攻囲戦に参加、銃弾を受けてすぐに国内の病院に後送されました。〈露助の奴に泡を吹かせくれむ〉とリベンジを誓っていますが、翌年２月に退院、そのまま後備（こうび）役も免除されました。

当時、国内の病院は、多くの戦傷者や疾病患者であふれていました。病院以外でも、温泉地として有名な熱海などが傷病兵療養地域に指定され、一般客が入れなくなるほど戦傷者でいっぱいでした。熱海の旅館で療養していた兵士の手紙です。

明治37年10月26日

目下戦傷者当地に療養なす者二千余にして右旅舎とも充満　彼の地方遊浴舎を容(いれ)る余地なき迄に大賑(にぎわい)に御座候

（熱海温泉山田屋　小野量次郎）

中には重い障害を負い、その後の苦しい人生を送らざるを得なかった兵士たちもいました。彼らは〝廃兵〟と呼ばれました。両足あるいは片足切断や失明などの〝廃兵〟は、小県(ちいさがた)郡だけでも44名（前掲『義勇録』）もいました。

しかし、一命を取り留めただけでも良しとする兵士たちも少なくありませんでした。第三軍に従軍した軍医の鶴田禎二（次）郎の『日露戦役従軍日誌』には、「六月二一日　自己の拳銃にて左手貫通銃創を受けたる兵」「本日又一名の拳銃自傷者入院」「明治三七年七月一二日　自傷の疑いある者これにて三名」などの記録が残ります。近代史研究者の大浜徹也も『明治の墓標―庶民のみた日清・日露戦争』で、「戦争に怯える兵士は、戦線からの離脱をめざして」自傷していたことを紹介しています。

3　そのほかの〝敵〟

戦場で兵士たちを苦しめたものは、戦死傷や疾病だけではありませんでした。厳しい自然や劣悪な環境なども また〝敵〟でした。旅順攻囲戦が始まる前の、比較的平穏な頃の状況です。

明治37年7月2日

一日も早く快報を投ずるの日を待ちおり申し候。しかし、たびたびの大雨の襲撃を受くるには誠に閉口つかまつり候。いかに健全なる武士もこれには敵し難く、被服は濡るる幕舎内は海の如くになる。実に我々は弾丸の雨の中に立つよりも苦しき次第にござ候。この如き雨期に候へども全山禿(はげ)山に候はば、ただ一時に水を押し流し、井戸の如きも数日間水量を増すのみにて水の不便は依然と同様の次第にござ候。前日〇〇山に勤務の時の如きは井戸までは約半里、ようやく井戸に至るも水は少量にて洗米するを得ずして炊飯せし。ようやく四日間に三回といふ大雨に逢ふが、これまた閉口つかまつり候。しかし、幸いなりしは天幕より溢るる水にて居ながらにして炊事のできしことと数日ぶりにて洗面せしことにござ候。

（野戦砲兵十五聯隊第七中隊第一小隊歩兵軍曹　小山久五郎）

〈弾丸の雨の中に立つよりも苦しき次第〉とはやや大袈裟な気もしますが、テントの中まで水浸しになる苦しさは想像出来ます。その一方で水不足に悩まされ、2キロ近くかけて水を求めても、洗米出来るほどの量もないというのも辛かったはずです。次もまた厳しい自然環境を訴えています。

明治38年7月21日

目下昼間九十度以上に達し蒸し熱く、夜間はこれに反して寒冷にして秋の如くこれ有り候。昼は蝿軍、夜は蚊軍の来襲ありて、時ならぬ防禦（ぼうぎょ）工事をなせば露軍よりもこれには我が軍人も実に閉口いたしおり候。

（出征第三軍野戦騎兵第十三聯隊第四中隊第一小隊　松林吉之進）

90度以上というのは華氏温度です。摂氏温度に換算しますと、約32度以上ですので、かなり暑かったことでしょう。さらに蝿や蚊は〈露軍よりも〉〈閉口〉するというのですから、相当数の〈蝿軍〉や〈蚊軍〉だったと思われます。

松林は冬の寒さの厳しさについても書き送っています。

明治38年12月27日

ただ今の当地の気候は○度以下十七八度くらいまで下がり、酒は氷り小便などもたちどころに氷り、あの遼河の如きの氷は二尺余に達し馬上にて渡り得る。北風が一度身辺を吹き候へば身は切り取られる如くにござ候。

（第三軍秋山騎兵團野戦歩兵第十三聯隊第四中隊第一小隊　松林吉之進）

酒まで凍るとはよほどです。帰国を前にした正月間近の手紙ですので、酒の話題を書いたのかもしれません。

さらにぬかるんだ道路も兵士を苦しめました。とりわけ武器弾薬を運搬しなければならなかった兵士たちの苦労はさぞかし大きかったものと思われます。

明治38年8月3日

目下満州は雨期の事とて（中略）一面あたかも深田のごとく泥寧(でいねい)に、人や馬までも膝を没し、車輌の如きは車輪の半分が沈むあり様。のみならず夏服は一着にて着替えなきため毎日あたかも御釈迦様の如き姿にて弾薬輸送に従事し、その困難なるあり様は実に筆にも口にもとても言い表されず。兵卒の勤務のあり様は、実にかわいそうでもありまた気の毒の至りにてもござ候。

（出征第三軍第一師団兵站弾薬縦列　横関伊勢太郎）

夏服の着替えが支給されなかったための、〝着た切り雀〟状態で破れたままなのを、〈あたかも御釈迦様の如き姿〉とは言い得て妙です。それもまた「帝国陸軍」の実態でした。横関は特務曹長（後の准尉）であり、兵卒ほどには過酷な勤務ではなかったはずですが、〈気の毒の至り〉と同情しているのは、その辛さを経験しているからでしょう。

こうした運搬の困難さは、食糧不足も引き起こしています。

明治37年7月7日

遼陽(りょうよう)にて一大合戦をなさんと勇ましく出発仕り候。（中略）道路非常に悪しく、加ふるに二里の間に川が十もこれあり。数日の雨のため出水し、糧食の運搬に困りしため、兵は一日に米一人に付き三合（普通なれば六合）ゆえ、これを粥にして食いおるなどにござ候。

（出征第一軍近衛野戦砲兵聯隊第四中隊　日向豊太郎）

食糧不足の記述は、前章に出てきた多門二郎の日記にもあります。多門も一軍で、ほぼ同一行動を取っていました。〈数日の雨〉は６月28日から７月１日まで続いていました。川の多い地形に悩まされたことにも触れています。

二、三日前から精米一名四合に減じ、粟や小豆などを補足とする。副食物としては鮭あるのみ。その他には何も食物なく、飲み物もなし。

（『多門二郎日露戦争日記』７月４日付）

同じ第一軍でも〈兵は一日に米一人に付き三合〉ですので、将校とは一合の差があります。こんなところにも、将校と兵卒の差があったようです。第二軍もまた雨に悩まされていました。

明治37年8月31日

正午ヨリ降雨はなはだしくほとんど衣服を干す所なし。夜不寝番の際に火を以て濡れた被服を乾かす（中略）。この日は七里の行軍（中略）、分隊の半数を以て川干を成し多くの魚を取りました。それを夕食の副食物となしましたが、この間我が前方約二里の所は戦闘の最中でありました（中略）。午后六時、命令下り直ちに滞在地出発、同夜降雨にて道路は最も悪く、ことに暗夜の事ゆえ実に閉口しました。ただ一度休み、その際に干飯を食しました（中略）。各人携帯天幕を以て夜露をしのぐ所を設け、続ひて柏木や小松等を切り、それで廻りをふさぎ当分の住家としました。

（東京予備病院渋谷分院第一区第一号室　小林益雄）

衣食住に苦しみながらも戦わなければならない苦労が伝わってきます。小林はこの後の戦闘で重傷を負い、国内の病院に後送されています。

このほか、意外なのが金銭の苦労です。戦地では衣食住すべて保障され、金銭など必要がなかったように思われますが、支給される食事だけでは不十分で、足りない食糧や嗜好品などは自前で購入するしかなかったのです。

明治37年8月17日
困苦欠乏は軍人の常といえども吾々労働者は新聞にて御覧の通り、糧食は七合とはいえども実際には五合の米にして副食物は僅か醤油（イーキス）三モンメ、梅ぼし十モンメにて日々暮しおり申し候。したがって清国人の餅とか饅頭を買って食ふを常といたしおり候。これらの値段は十銭で、国内の饅頭四つくらいに候。しかるゆえ煙草呑みは、食ひたし呑みたしにて、先づ煙草なれば「ヒイロー」が十銭、「センヘーット」が十二銭にて、いたって呑食に困却つかまつり申し候。
（出征第一軍近衛師六隊第三小隊第三班長　小林幸次郎）

米の配給量は、部隊や階級によって、あるいは時期によっても、差があったようです。総じてその量は決して十分とはいえず、空腹を感じていたことがわかります。前掲の多門の日記に、副食として鮭とありますが、それは将校ゆえだったのかもしれません。小林などの輜重輸卒(しちょうゆそつ)は、しょう油と梅干しという寂しさです。なお〈イーキス〉とはエキスのことで、しょう油を煮詰めたもののようです。

明治37年7月28日

物価の高値なるは今更申すまでもこれなく候へども、一例を挙れば「オールド」一個七銭、巻紙内地なれば三銭くらいの物が八銭、福神漬小罐(しょうかん)二十銭位にて他の物も例外なくこれに応じ候。

（外征第三軍一師団第十二補助輸卒隊第三小隊八分隊　桜井国一）

〈ヒイロー〉〈オールド〉は煙草の銘柄です。〈センヘーツト〉は〈ペルフェクトス〉のことだと思われます。この時代の喫煙率は9割近くでしたので、必需品と考えていいでしょう。１９０４年４月、戦費を賄うため国家が煙草の製造・販売を独占する「煙草専売法」が公布され、大蔵省に煙草専売局が設置されました。

不足する食糧や嗜好品を購入するには給与に頼るしかありませんでした。それは、兵士の階級によって決まっており、上と下では雲泥の差がありました。小林のような輜重輸卒は月額1円20銭でしたので、〈ヒイロー〉12個分に過ぎません。これに戦地加算額が付いたと思われますが、それでも〈呑食に困却つかまつり〉は、大変に実感がこもっています。ちなみに、日記の多門中尉は月額15円、乃木希典（のぎまれすけ）は250円でした。彼らは、戦時加算額も破格でした。その差には愕然とさせられます。

戦地にはそうした兵士たちを相手に商売人がいましたが、中国人だけでなく日本人もいました。その価格は高く、例えば〈ヒイロー〉の国内価格は3銭5厘でしたが、小林の手紙では〈十銭〉と、約3倍にもなっています。いくら戦地とはいえ暴利をむさぼりすぎではと、小林たちに同情してしまいます。

ほかにも劣悪な環境での日常生活を訴えたものも少なくありません。銃後の人々に、ぜひ知ってほしいとの願いからでしょう。

明治37年7月12日

満州の地は昔から梅なく桜なく、ただ杏の花だけが誇り顔なるのみ。昨今はそれも散り果て、禿山に所々青葉茂りてわずかに閑古鳥の啼くあるのみ。沍寒（ごかん）（凍りつくような厳しい寒さ）の敵は去りても、次には炎熱の行軍や蚊蝿の襲来や雨降りの敵あり。

（野戦砲兵第十五聯隊断段列三小隊八分隊　佐藤今朝五郎）

〝泣き言〟とも思われかねない本音こそ、兵士たちの訴えたかったことでした。しかし、兵士たちを戦場に送り出した国家は、こうした声に耳を傾けませんでした。戦争や軍隊とは何かを考えるために、公的な戦史や歴史書などにはなかなか出てこない兵士たちの姿こそ、大切な教訓として生かされるべきでした。

Column 2

将兵の食器

数多くある日露戦争の歴史書の中に、兵士たちの日常の暮らしについて述べたものはほとんど見当たりません。ましてや食器や生活に必要な器具について書かれたものは皆無でしょう。しかし、食事は毎日三度三度のものですし、その都度使われる食器についての記録も重要だと思われます。

戦地に於ける器具をイラスト入りで書いたのは、横関伊勢太郎です。

明治38年11月7日

洋燈色々あります。

1　思路（?）の清酒の入りたる瓶に穴を開け「シン」を押したるもの

2　牛肉其他の罐詰の空かんに「ブリキ」の蓋をして穴をあけて前記同様

外に普通の洋燈もありますがそれは将校や分課下士（事務兵）の用ゐるものにて右二種其他また色々ありますが、一般兵卒の用いるものであります（中略）。

普通日本で雑巾掛けなどに用る「バケツ」これハ主に汁を入るゝに用ゐております。

鉄製のものにて砲兵用の信管と申ものがはいつて居たものを利用してやはり汁などを入れます。

木製これハ兵か作りたるものにて材料ハ内地

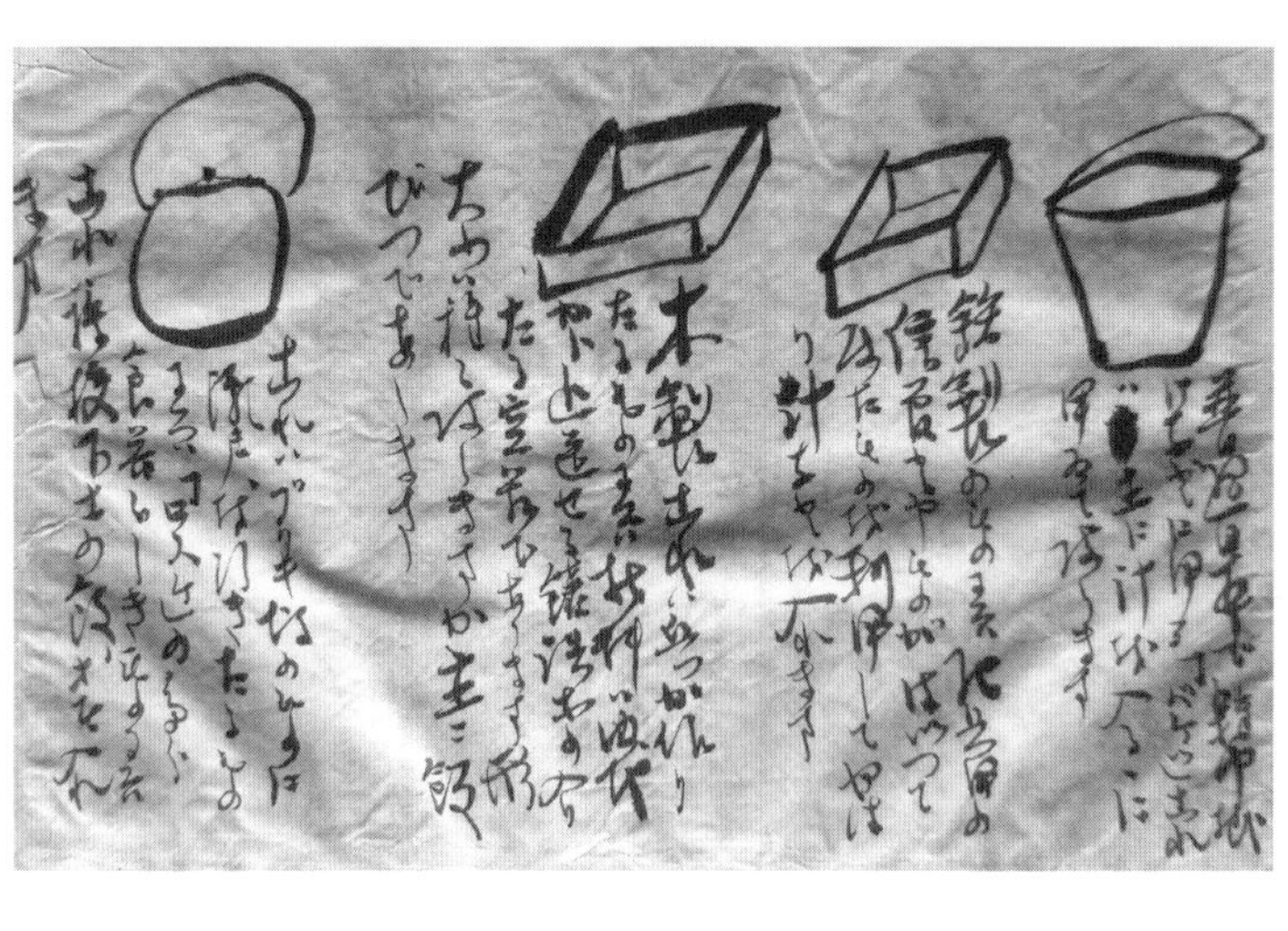

から追送せる罐詰等の入りたる空箱でありま
す。形大小ハ種々ありますが主ニ飯びつであり
ます。

これハブリキ材のものに瀬戸を引きたるものにて「ロスケ」の多分食器らしきものにてこれハ将校下士の飯等を入れます。

（出征第三軍第一師団兵站弾薬縦列
横関伊勢太郎）

「洋燈」とはランプのことです。そうした物でさえ軍隊内の階級によって差があったことがわかります。

食器にも階級差があったようです。物資の不足する戦場では、再利用して役立てています。なかにはロシア軍が敗走した後に残していったものを使うこともありました。武器弾薬から始まって食糧その他、戦場では命だけでなく、敵の物なら何でも奪うのが当たり前でした。

第5章

戦場は満州・朝鮮

1　戦場とされた村

日露戦争という名称ですが、戦場は日本海を除けば日本でもロシアでもなく、朝鮮半島北部から南満州一帯だったということは意外と意識されていません。日本にせよロシアにせよ、紛れもなく他国の領土で戦争していたのです。そのせいで、戦闘の巻き添えになって命を落とした人もいれば、家を焼かれ田畑を荒らされ、略奪の憂き目に遭った人々もいました。そのことは強調してもしすぎることはないと思うのです。それを目の当たりにした兵士たちは、どう感じていたのでしょうか。

明治38年6月19日

道すがら見ると、清国の人民は露軍を送迎するたびに家を焼かれ人家は殆んど兵燹（戦争による火災）に罹らざるなく、屋根は落ち壁は頽れ或いは露軍の露営の跡はそのまま、或いは散兵濠（敵弾から身を守り銃撃するために掘られた壕）を築きたるなど露軍は力を尽くして長期間支配。それに堪へ得ざりしは気の毒といふの他なし。また所々に星散（せいさん）（所々に散らばっている）せる墳墓は、粘り気ある土のため雨に打たれてその棺は角を露はし、或いは露兵が戯れに発掘したため骸骨出でて、未だ日の経たざる死屍は着衣のまま横たわるなどを見る。見るからに酸鼻（さんび）（むごたらしい様子）の種ならはざるなし。また浅ましき次第なり。しかるにしても個人思想の発達せざる支那人が、もっと国家の威力の張らざるよりしてこの惨害を蒙（こうむ）るにいたるものなり。処女は姦せられ家を焼かれ、田圃は踏み荒らされ一物をだも収穫するあたわざるが如き、寧ろ憫（あわれ）むべき。

（出征第三軍野戦騎兵第十三聯隊第四中隊第一小隊　松林吉之進）

ロシア兵のあまりにひどい仕打ちを受けた〈清国の人民〉に対して、松林は同情しています。しかし、かといってロシア兵を告発しているわけでもありません。こうした仕打ちを受けるのも〈支那人〉が〈個人思想の発達せざる〉ためであり、〈国家の威力の張らざる〉から〈この惨害を蒙るにいた〉ったと、あたかも彼ら自身の責任であるかのようにとらえています。松林によって〈発達〉していないとされた〈個人思想〉とは、個人の自立を指しているように読み取れます。〈国家の威力〉とは、軍事力のことでしょうか。

国として生き残っていくには、軍事力を増強して〝大国〟になるしかないとの考えは、福沢諭吉の〝脱亜論〟や中江兆民の『三酔人経綸問答』に登場する〝東洋豪傑君〟で知られていますが、そうしたイデオロギーは、松林がそうであるように、広く日本国民の間に共有されていたといえます。

それゆえ、他国の支配によって蹂躙（じゅうりん）される人々を見ても、〈寧ろ憫むべき〉としか感じられず、ましてや同じアジア諸国としての連帯感など生じようもなかったでしょう。松林に限らず当時の日本人の多くの意識は、〝遅れた清国や朝鮮〟であり、それとは対照的な〝進んだ欧米列強とそれに近づきつつある日本〟でした。

さて、ひどい所業のロシア兵ですが、日本兵はそのような被害を与えなかったのでしょうか。さすがに、手紙の中にはそうした記述は見当たりません。しかし傍証はいくつもあります。例えば、これまでも何度も引用している多門二郎の日記です。

> 途中のある村に、鶏がたくさんいたから直ちに徴発を始めた。近頃は（朝鮮人は）大分ずるくなったから、先に兵がどんどん鶏を捕える。しかして土人が僕の所へきて訴えて来るからそれに金をやる。そうしないで、初め売るとか買うとか談判すると、いやなときは鶏を隠したり、追ったりして駄目である。

（『多門二郎日露戦争日記』6月3日付）

兵卒には村落へ這入って鶏を徴発させた。（中略）先に徴発して、何時逃げてもお土産がある様にした。（中略）帰途一回休憩して火を焚いて、畑の中から玉蜀黍を取ってきて焼いて食べた。

（同8月15日付）

相手の都合など無視して〈徴発〉したことや畑から農作物を取ったことなど、ごく当然のこととして書かれています。一種の犯罪的行為だという意識などは全くありません。

兵士たちの住環境は、どうだったのでしょう。場所によっては兵舎を建設したり、ロシア軍が使用していた建物をそのまま使うこともあったようです。しかし、戦闘の最中や行軍中はテントや野宿が当たり前でした。しかし、それだけではなかったことを、手紙は伝えています。

明治37年8月10日

六月二〇日　宇品港乗船以来着のみそのままという有り様で、野といひ山や畑といひ所きらはず背嚢を枕に夜を越すを常として（中略）、今後〇〇陥落までは草の褥に夜を明かす（中略）。全州城内にて（皆清国の民家にて仮寝）一泊、二九日に南山決戦の腥気（生臭いこと）粉々たる傍を経て徹夜行軍。

（第三軍出征後備歩兵第十五聯隊第二中隊　宮坂由三郎）

〈清国の民家にて仮寝〉していたのです。〈仮寝〉ではなく、長期にわたって滞在することもありました。

明治38年7月4日

時節柄悪疫流行の今日とて衛生法に深く注意し、支那民家に起臥（生活する）することゆえ支那民家の大掃除を行ひ、厠の新設なして衛生の至らざるなくなるよう支那土民を戒め告示を貼付せしに皆これに従ひて清潔を行ふ。村内一般の不潔物を排除したるため、支那村落にあらざるの感これ有り候。

（后備歩兵第四十九聯隊第十二中隊第ノ二　坂井袈裟次郎）

〈支那民家〉や〈支那村落〉の住人たちが自発的に宿舎を提供したとはとても思えません。どのようにすれば〈起臥〉することが可能だったのでしょうか。ヒントになるのが、再び多門二郎の日記です。

我が師団より先に上陸した部隊が何回も宿営地としたため、（彼らも）困るのであろうが、十数軒の家で、十軒ばかりは「有病」との貼札をしてある。無理に入ってみれば何にもおらぬ。その図々しさは実に憎い。（『多門二郎日露戦争日記』３月24日付）

韓国の村落で宿営した時の様子です。半ば強制的に民家を接収していると思われます。韓国民も〈困るのであろうが〉と、理解はしています。しかし、真っ向から拒否することのできない人々は、せいぜい〈有病〉という〈貼札〉で精一杯の抵抗を示しています。それに対する多門たちの態度はずいぶんと不遜です。〈無理に入っ〉たにもかかわらず、素直に家屋を提供しない村人が悪いような書き方です。他国の住民であっても、日本軍に協力しなければ、〈実に憎い〉と感じる心性は、その後のアジア太平洋戦争での数々の残虐な事件に通底するものがあるのかもしれません。

2 蔑視感の醸成

トルストイに詳しい随筆家の生方敏郎は、日本人の対中国（人）観の変化を次のように紹介しています。

日清戦争以前には、支那を軽んじたものは唯の一つもなく、支那は東洋一の帝国だとみられていた。（中略）家にある屏風の絵も皿も、立派で上品なものはみんな中国のものだった。夏祭りの出しの上の人形も中国の英雄だった。ところが、戦争に勝ち進むにつれて、敵を軽蔑する心が誰の胸にも湧いてきた。俗謡に踊りの振りまでつけて流行したのは（中略）恨み重なるチャンチャン糞坊主というのだ。（中略）中国の人形の首を年末売出しの景品にした商店もあった。（生方敏郎『明治大正見聞史』）

つまり、中国人への蔑視は、日清戦争の勝利が大きな契機になっているというのです。

実際、県(あがた)村の兵士たちも、手紙の中で〝チャン〟といった蔑称をごく普通に何度も使っていますので、日清戦争から10年後のこの時には、定着していたといえるでしょう。しかし、ここで留意したいことがあります。それは当初の漠然としたものから、実際に大陸へ渡り、現地の人々の暮らしに接する中でますます醸成されていったという点です。彼らの手紙からは、視覚や嗅覚といった五感を通してその蔑視感がさらに確かなものとして〝常識〟にまでなっていった様子が読み取れます。

明治38年9月9日

チャンのお話を少し申し上げ候。先づ豚がチャンかチャンが豚かと内地の人の考へに候へども、実際今ここに来て見れば豚どころの騒ぎではこれなし。チャンの衣服は垢で光沢を発し手足ばかりか全身垢だらけで悪臭を放ち、土間のアンペラに土足でゴロゴロしておる。吾々が飯なぞ食ひ余し、その少しばかりの米飯を持って行き「貴殿米飯多々進上（ニーメンメンタアタアシンジョウ）」と言ひて与へると「大人多謝々々宜しい（タイジントウシャホウホウデー）」といふ様なわけで、彼等は喜んでそれを食ふている。彼等の常食は唐もろこし、きび、あわなどで、大豆、大根、うり類も多々これ有り申し候。しかし地質荒れ地のため、作物もあまりは取れない。山は皆一、二寸位の草あるのみ。

（出征第三軍第一師団第野戦砲兵第一七聯隊第四中隊　小田中丈夫）

〈チャンが豚かと内地の人の考へ〉というのも、生方敏郎の紹介した通りでしょう。それが、〈実際今ここに来て見〉て、さらに増幅しています。体験に基づいているだけに、蔑視の複雑さや根の深さを感じざるをえません。さらにそれを補強したのが、疫病対策としての〝衛生〟という観念でした。

明治38年6月19日

衛生等にはいっさいかまわず、そのひどさは実に甚だしくて筆にも書くことができないくらいです。湯などには一ヶ月も二ヶ月も入りしこと等はなく、身体は不潔でありますが、彼らはそんなことにはかまいません。

（出征第三軍野戦騎兵第十三聯隊第四中隊第一小隊　松林吉之進）

前述した通り、日本軍は接収した家屋や集落で宿営することが少なくなかったのですが、そこで最も気を使ったと思われるのが〈衛生〉でした。そのためにまず行ったのが、第5

章の坂井袈裟次郎の手紙にもあった清掃です。もちろんそれは自分たちのために行ったのですが、〈不潔〉な〈支那人〉を日本兵が指導してやっているという優越感に基づくものでもありました。以下列挙します。

明治38年５月26日

実に露助の衛生に無頓着なるには驚愕致し候。その動作は全く支那人と同様なり。吾が隊の着陣後は直ちに人糞の除去に着手し、ほとんど大隊の全員を挙げて大清掃に従事し、十数日をして初めて村内くまなく清掃を終わる。その上道路の修繕をもなし、結構なる溝を穿(うが)ち、降雨に際して泥濘(でいねい)（ぬかるみ）を避け、なおその後聯隊大隊および各中隊の本部前に何れも公園を築き、昨今大いに面目を一新し、見違ふ程に相成り候。

（独立重砲兵旅団徒歩砲兵第三独立大隊第三中隊　宮坂喜平治）

明治38年９月30日

衛生隊などは支那人の家屋に舎営つかまつりおり、この頃までに大々清潔をなし、少しは（中略）幕舎(ばくしゃ)（テント）に勝さるかと思ふ程に致し候。このことを以てしても支那人の不潔なる所に住居なしおりとも、彼らは何とも思はざること御推察下されたし。この頃は飲用水の井戸の周囲に清潔法を施行して、先づ排水の事をなし、その近くの汚水の水溜りを除き、ほとんど井戸を新しく掘る如くに為したり。（中略）衛生の何たることを知らざる彼等は、豚、牛馬と共に起居をなし、この変化を来たすのはいったいいつのことやらと感じ候。飲食店は多く、果物に至りてはほとんど汚れたる如きものあり。支那人はこれを買いて食しおり。日本人は、何一品も買いて食す気出でず。臭気紛々として鼻をつく。彼等は少しもそれを知らざるなり。

（出征第十五師団衛生隊第二中隊第二小隊第二分隊　小山富四郎）

明治38年4月10日

目下鉄嶺（てつれい）附近なる百官屯なる部落に滞在致しおり候。敵も遠く北方に退却せしゆえ、別して前哨などには苦心なし。日々支那人の家の清潔法に従事致し、吾々の居室には新聞紙等を貼り付け美麗なる宿舎を作りおり候。

（出征第一軍近衛野戦砲兵聯隊第四中隊　日向豊太郎）

〈美麗なる宿舎を作りおり〉は自己満足に過ぎないのですが、あくまでも〈支那人の家〉なのです。また、あたかもいいことをしてあげたかのようなニュアンスです。こうした感覚は、かつて植民地支配した相手国に対して、〝現地の人々の生活を向上させた〟として正当化する言説がありますが、それと通底するものでしょう。

こうした蔑視感は、衛生面にとどまりません。前掲松林の手紙の続きです。

明治38年6月19日

支那商人は掛け値甚だしく、拾銭くらいの物品にてもはじめは四拾銭くらいは言いますよ。

（出征第三軍野戦騎兵第十三聯隊第四中隊第一小隊　松林吉之進）

掛け値は商習慣の違いでしかなく、それは今でも海外の土産物店でごく普通に目にする光景です。しかし、初めてそれを目の当たりにした松林にとっては、差別と批判の対象でしかありませんでした。

一方で、兵士たちの大多数は農民出身でしたので、おのずと現地の作物や農具などに興味を示しています。

明治38年8月7日

我々の勤在しおる所は東西南北ずっと平地で、これには実に驚きました（中略）。畑の作り物は主にホウキギ、モロコシおよび粟大豆小豆ぐらいでございます。モロコシの丈はまず六、七尺から一丈余に成長しております。

（歩兵一等卒　所松治）

信州の山と川の風景に見慣れた目には、〈東西南北ずっと平地〉に驚いた様子はよくわかります。〈作り物〉の種類や出来具合を観察しているのはさすがです。

明治38年5月29日

この両三日は雨降り続き淋しさのあまり、その徒然（つれづれ）に土人と会話を試みしが、一向ポコペン（中国語でわけがわからぬの意）。それからその近くの小部屋にありし馬耕具を見て感に入り、面白き図ゆえに御目にかけることにした。

（近衛後備歩兵第二聯隊第三中隊　荻原喜助）

荻原に限らず公的な文書でも「土人」は、普通名詞のように使われています。蔑視感を

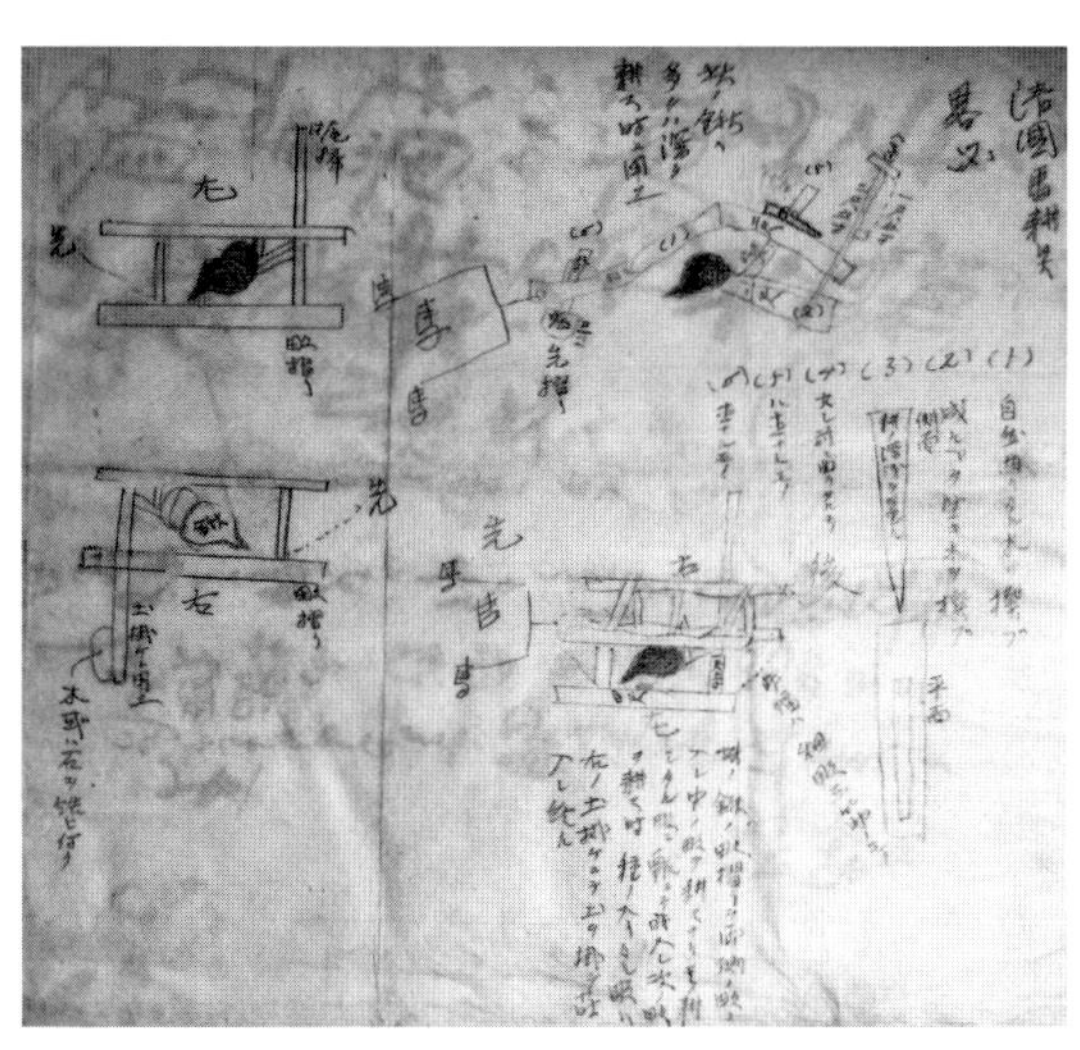

荻原喜助の手紙。清の馬耕具を詳細に描いている

意識することなく使用していたようです。荻原が手紙を出した時には、すでに主な戦闘は終了していましたので、〈徒然〉を感じていたのでしょう。それゆえ現地の人々との交流も新鮮に受け止めたと思われます。

　もう少し詳しく現地の人々の暮らしを伝えた手紙もあります。現地の人々の〈不潔〉に嫌悪感を示した兵士たちも、子どもには親近感を持ったようです。

明治38年9月30日

　小児等の我々に対する情は、内地の子供らと異なることなし。学校の如きは教師一人につき多くの小児。時間割などなく遊びおる者あり、勉強をなす者もあり。書物の如きは十二、三才くらいの児は皆五教を習いおり。それより以下は各人別々、その発音は皆異なり我々のできざる音多くあり。また我々もその部屋に入り、始めて書を学ぶ者と同じと思ふのみ。土地が異なると見るもの聞く者皆この如く異なるも、牛馬や犬、小児等の声は、内地のものと同じく聞くを得るなり。亦鳥類も同じ。

（出征第十五師団衛生隊第二中隊第二小隊第二分隊　小山富四郎）

戦争終結後の余裕なのか、異国の風物を紹介するルポルタージュの趣があります。〈内地の子供らと異なることなし〉には、子どもたちへの親しみも感じられます。すでに戦死を心配することなく、帰国を待つだけの兵士にとって、〈内地の子供ら〉と変わらない無邪気な子どもたちの姿は、やすらぎだったのかもしれません。学んでいた本が〈五教（五経か）〉だとわかったことも、彼らをほっとさせたことでしょう。〈牛馬や犬、小児等の声は、内地のものと同じ〉という感覚もうなずけます。

数は少ないのですが、現地の人々の振る舞いに率直に感心しているものもあります。

明治38年12月15日

普通の農民の婦人が不品正の言語や行為を慎む事は、如何に亡国民なる彼等でもこれだけは吾輩もほとほと感服つかまつりました。彼らの家には目下日本軍人が住まひしておりますから、清人は二、三家族が一つの家にゴタゴタ住んでいますが、出征以来今日に至るまで夫婦喧嘩はさておき、夫と夫、妻と妻、子と子、皆一家の如く団欒(だんらん)して喜々として笑ひ楽しむ有り様は、外から見ると羨しきまでにて候。日本の様に夫婦喧嘩や嫁と姑の争ひなぞは、目にしたくてもこれ無し。この美徳には流石の吾々も感心致し、君子国だの大日本だのといふが、その字が泣くだろうと冷や汗が背中を湿しもうしました（中略）。目下小生の滞在している村落にわび住まいをしている者で、今の清国の情けない状況に憤慨して、大いに我が国に見習う所があると唱え、近き将来には大きなことを成す所あらんとする青年おり。（中略）この者が書を良くするをみて、この頃乞ふて一書を得たる。御迷惑でしょうがお御送り申します。

（出征第三軍野戦砲兵第一七聯隊第四中隊　小田中丈夫）

驚かされるのは、日本軍が中国人の家を接収したため、二、三家族が一軒の家で暮らさなければならなくなったという事実です。立ち退きを強制したのか、それとも契約を結んで家賃など支払ったか不明ですが、いずれにせよこうしたこともまた日露戦争の実態でした。

興味深いのは、〈二、三家族〉が〈一家の如く団欒して喜々として笑ひ楽しむ有り様〉を〈美徳〉ととらえ、うらやましく感じている点です。〈君子国だの大日本〉だと言いながらも、そうではない日本の実態に恥じ入っているようです。

さらに着目したいのは、中国の若者が自国の状況を憂いている姿に〈近き将来には大きなことを成す所あらん〉と期待を寄せている点です。〈乞ふて一書〉を得たのも、この若者への敬愛の念の表れともみてとれます。小田中はこの時21歳。同じ若者として心通ずるものがあったのかもしれません。

中国人とはそうした交流も見られたのですが、韓国に対しては、中国以上にむき出しの差別感情がみられます。

明治38年6月1日

韓国の風俗は、四季皆白布なれは夏は涼気に見え緑樹の間にもよく見分けつき申し候へ共、寒さの今は目に見ゆる物皆白色なれば（中略）、附近の学舎の如き手習子屋の師匠に筆談にてたずね申し候。何でも聖人の教えを守り、心は白色の如く腹に無一物これ無きの韓人が白色の如くと云ふばかり。実におかしく無頼の民にござ候。

（韓国駐箚軍永興湾要塞砲兵大隊第一中隊　宮坂濱太郎）

なぜ白い服を着るのかの説明としては少しも不自然ではないと思うのですが、それを〈おかしく無頼の民〉なものとしてしか捉えられないのは、宮坂にあった差別感ゆえでしょう。

次もまた、他国の人々を蹂躙（じゅうりん）しているという意識など全くないことがわかります。

明治37年5月5日

韓国鎮南浦（ちんなんぽ）に上陸。この市内には日本町もこれ有り。他の町内は申すまでもなき事ながら不潔極まる事おびただしく、人家は帝国の豚小屋に等し。さればここにて一夜をしのぎ、明くれば十八日平壌をさして行軍にて四日間を経て安着す。さてここ都会なるも不潔にて、ここにて二日間滞在。

（近衛補助輸卒第六隊第三中隊第三分隊　小林幸次郎）

〈不潔極まる事おびただし〉は、感染症の知識の普及とともに、いっそう高まっていきました。

蔑視感は、中国や韓国に対してだけでなく、〝国内植民地〟とでもいうべき沖縄や北海道に対しても向けられていました。北海道の部隊に配属された兵士の手紙です。

明治38年8月28日

小生も珍らしく北海道土人の写真を近々の内に送呈つかまつり候。御笑留（しょうりゅう）（笑納と同義語）の程願い奉り候也。

（旭川騎兵第七連隊補充隊　竹内有）

アイヌの人々に接して、何か珍しい見世物を目にしたかのような感覚だったのでしょうか。

3　占領地域と軍政

第3章でも触れたように、旅順を攻略した日本軍は、ロシアに代わってそのまま支配、軍政を敷きました。ここは、ロシアが10年近く占領していたとはいえ、元来中国の都市です。しかし、そうしたことには全く無頓着でした。

明治38年2月3日

目下の市中の状況は、避難者も集まり来たり。欲に眩目（目のくらむこと）のないチャン先生は、おのれの家の修理等は後回しにして人力車を引く者、馬車を走らす者、或いは煙草なら二、三個、酒なら洋酒にロシアや清の酒の一、二瓶、魚なら四、五疋を吊して小さな店を開いて商売をしております。外国人は転出の荷造で忙しがっております。（中略）一時は我々も随分多忙でした。証明書を書いて与える、荷物の検査をする、戸口（戸数と人口）調べをするなどしたからです。（中略）保護を出願した露国人の中に、実に憐れに感じた婦人がありました。生れて二ヶ月くらいの小児を抱きて泣いて訴えるのを聞けば、夫は水兵であったが今度捕虜となりて日本に送られ、おのれは本国へ帰らんとするも路銀なしといふ始末（中略）。旅順には露国人のみならず独逸人、仏蘭西人、米国人、英国人、伊国人、印度人等までいます。印度人の多くは外国人の小使です。これらの者も近日の内に立ち退くでしょう（中略）。我々へのもてなしが一番よいのは、敗戦国だけありて露国人です。次が英国、仏蘭西、独逸人等（中略）。清国人は、欧米の人種に比ぶればこれでも人間かと思ふほどです。欧米人は我々が用事のため出張すれば、煙草や茶や酒などのお礼をし、その点は日本人と同一です。しかし、清国人にはそんなことはありません。不潔好みのわからずや、加うるに強欲で、白中強盗をしております。町には露兵の武具等が取散らかしてありますから、私共が少しでも巡察を怠るとすぐに出て来ます。毎日五、六人くらいは捕縛します。彼等を捕らえるには縄は不用です。即ち豚尾（とんび）（清国人の弁髪のこと。豚のシッポになぞらえた差別的表現）を結合せればもう逃げません。二昼夜雪の中へ立たせて打擲（ちょうちゃく）（殴る）して帰します。帰ればまた盗賊を働くといふ始末。

（旅順軍政署附第一師団憲兵隊補助憲兵伍長　小山久五郎）

小山は中国人の強欲さを強調していますが、他国に蹂躙された人々が何とか糊口をしのごうと苦労していることへの理解は全くありません。また、ここでも〈不潔〉が登場します。

白昼の〝強盗〟への対応ですが、ロシア軍が置き去りにしたものはすべて日本軍のものであると確信してのことです。それにしても〈豚尾を結合〉して〈二昼夜雪の中へ立たせて打擲〉するとは、ずいぶん乱暴な仕打ちです。

興味深いのが、国籍別の序列です。日本兵への〈もてなし〉順に、ロシア、イギリス、フランスと続いています。ロシアが一位なのは〈敗戦国だけありて〉と当然視していますが、イギリスが二位なのは日英同盟ゆえでしょうか。〈清国人〉に対しては、〈欧米の人種に比ぶればこれでも人間かと思ふ〉という評価はひどいものですが、当時の日本人としては一般的なものだったと思われます。しかし、それほど見下していても、日本軍もロシア軍も、運輸などの労働力としてさかんに使役していました。次のように、スパイとして利用することも珍しくありませんでした。

明治38年9月30日

休戦といえどもロシア軍も多くの間者を使役しおり、日々憲兵諸氏の手に扱わらるる支那人多く、彼らに対して我が軍が相当の手段を取るは当然のことに候。

（出征第十五師団衛生隊第二中隊第二小隊第二分隊　小山富四郎）

小山富四郎の手紙の続きです。〈支那人〉の〈間者〉も、生きるために仕方なく務めざるを得なかったと思われます。〈相当の手段を取〉るとは物騒な物言いで気になりますが、改めて戦争の怖さを感じます。

日本軍占領地と遊郭についての記述もあります。日清戦争後、台湾を領有した翌１８９６年、早くも「貸座敷並娼妓取締規則」を定め、日本国内の公娼制度を持ち込みました。朝鮮においても１８９５年、日本領事館が芸妓営業を承認しています。上田における公娼の営業開始は１８８１年ですが、植民地においても占領後早々に、日本政府公認の遊郭が建設されていたという史実は、もっと知られてよいでしょう。

明治38年12月17日

奉天、鉄嶺（てつれい）、開原（かいげん）、昌図（しょうず）など開城になりて以来、料理屋や淫売婦、商人等ぞくぞく進入し、ために大いに陽気を引き立て候。

（満州軍野戦情報兵第四連隊　掛川伊勢次郎）

旅順はじめ遼陽（りょうよう）や奉天、そのほかの日本軍が占領した都市には、早速遊郭が開業したことがわかります。日本人経営者も多かったようです。

明治38年12月15日

清国婦人の写真二葉と露国軍人（砲兵中央にあるは砲車なり）一葉御送り申しましたから皆様や生徒諸君に参考のため御覧下されたし。この婦人はそもそも清国のビョウズにて普通十五、六歳より二十歳位までの少女にして、法庫門（ほうこもん）といふ町に廓があります。この町のビョウズは、日本軍人にのみ社会主義をゆるすのであるそうです。

（出征第三軍野戦砲兵第一七聯隊第四中隊　小田中丈夫）

〈ビョウズ〉は娼婦のことだと思われます。〈社会主義をゆるす〉という表現もよくわかりませんが、日本軍人のみを〝客〟としていたということでしょうか。日本軍と占領地の遊郭の実態は、今後いっそう明らかにされる必要があります。なお、海外の日本人娼婦といえば、明治期の〝からゆきさん〟が有名ですが、満州やシベリアに売られていった女性たちがいたことも明らかにされています。

繰り返しになりますが、日露戦争で戦場とされたのは朝鮮半島北部から南満州と呼ばれた地域でした。そこに住む人々は、両国の戦争によって何の関係もないのに、塗炭の苦しみを味わわされました。それは、この国の人々が〈国家の威力の張らざるよりしてこの惨害を蒙るにいた〉ったのではないということは、言うまでもありません。

第6章

日露戦争の大義と目的

1　正義と自衛という大義名分

開戦前年の1903（明治36）年夏の時点では、ロシアとの戦争は、政府首脳も逡巡していました。国民の間にも大きな不安がありました。強大な軍事力を恐れていたからです。それとは別に、人道的立場から非戦論を唱える人々もいました。それらの迷いや反対を払拭し、開戦に大きく舵を切ったのは、〝正義〟と〝自衛〟という〝錦の御旗〟が、国民の側に急速に広がっていったからです。1904年秋頃からは、一瀉千里（いっしゃせんり）に〝ロシア討つべし〟の声が高まっていきました。

彦次郎の書いた手紙（宛先不明で戻ってきたもの）にも、それは色濃く感じられます。

明治37年5月17日

今般の征伐の挙は、全国一致神人の共に憤ふる所に候へば皇軍の大勝利を得るべきは勿論の次第に候へども軍人諸君の御辛苦を御察し申し上げ候。満州の野やシベリアの原野において遺恨十年の敵をなぎ倒すは日本男子の一快事と存じ候。しかしながら、遠い北の地は寒気もまた厳しかるべく、風土気候など万事日本とは相異あることに候へば、貴殿に於かれても充分に身体の健康を保ち軍国のため尽くされんことを祈りたてまつり候。

（小林彦次郎）

彦次郎もまた、〈今般の征伐の挙〉である日露戦争を〝正義の戦い〟と信じていました。ロシアの行為は〈神人の共に憤ふる所〉であり、許せないと感じていたからです。

１９００年、北清事変収束後、日本はじめ出兵した8カ国は、清からの撤兵で合意し、実行していました。しかし、ロシアだけはその合意を無視し、再三の督促にもかかわらず満州を占領し続けていました。このことは、国際社会の信義に反するというだけでなく、日本にとっては大きな危機だと考えられていました。ロシアは満州を占領するだけでなく、やがて朝鮮半島にもその触手を伸ばしてくるのではという疑心暗鬼になっていたからです。そのことがなぜ日本にとって大問題なのか。背景には明治政府の外交政策がありました。

日清戦争前、山縣有朋総理大臣は１８９０年12月、衆議院第一回通常会で「蓋（けだし）（おもうに）国家独立自営の道に二途あり、第一に主権線を守護すること、第二には利益線を保護することである、その主権線とは国の領域をいい、利益線とはその主権線の安危に、密着の関係ある区域を申したのである」（「衆議院第一回通常会議事速記録」）と演説しました。つまり、日本が〈独立自営〉するためには、国境だけでなく〈利益線〉たる朝鮮半島をも〈保護〉しなければならないという論です。この〈利益線〉〈主権線〉という主張は、防衛的な観点で受け止められやすく、広く国民に支持されていたと考えられます。

しかし、このことはすぐに日露開戦に結びつくものではありませんでした。政府にも国民の間にもハードルがありました。彼我の軍事力の違いが認識されていたからです。そうした中、開戦への旗を振ったのが１９０３年6月10日に出された東大七博士の意見書でした。これは、ロシアが満州にとどまることを徹底的に批判した後「この不履行により危急存亡の大関係を有する邦国は、最後の決心をもってこれを要求するの権利あり」とした上で、「ゆえに曰く。今日の時機において最後の決心をもってこの大問題を解決せよと。」で締めくくられています。つまり、今すぐロシアとの開戦に踏み切れという主張です。

さらにストレートな表現をしたものに、同年10月10日付の『時事新報』に掲載された全国青年同志者による桂太郎内閣への「露国膺懲（ようちょう）」の建白書があります。

露国が侵略の志をはさみ横暴の心を懐き、以て国際間の公約を破り、清韓両国の主権を危うくするのみならず、人道を無視するの行為は、近日に至り益々甚だしきを極む。（中略）宜しく速やかに戦を開きて、かれ露国を征討し、内は帝国の自衛権を全し、外は東洋の平和を悠久に維持すべし、なんぞ苟且（間に合わせに）逡巡を要せんや。

つまり、国際社会のルール無視という横暴を正し、日本国自衛のために、すぐにでもロシアとの開戦に踏み切るべきだという論です。『歩兵十五聯隊日露戦役史』もまた、開戦の理由をそこに求めています。

なお、日露開戦の理由付けとして、三国干渉以来の〝臥薪嘗胆〟の屈辱を晴らすためという巷説がありますが、小林彦次郎文書を見る限りにおいては、それを開戦の動機だとするものは見当たりません。わずかに、先ほどの彦次郎が出した手紙1通のみに、〈遺恨十年〉が出てくるだけです。

この正義感は、戦場で戦う兵士たちにとっても必要不可欠なものでした。たとえ戦死したとしても、その死を自他に納得させるためには〝正義のために戦った〟という大義名分が付加される必要があったのです。

明治37年4月11日

貴命の如く今回開戦は実に我が国未曾有の一大事。ロシアが傲慢極まる所は限りなく無礼であり、神人の共に怒る所なれば我が戦捷は勿論期する所。

（高崎歩兵第十五連隊補充大隊第二中隊第四給養班　岩下喜代八）

出征前に国内の兵営から出した岩下の手紙です。岩下は旅順攻囲戦では生き残ったものの1905年3月10日、奉天の会戦で「腹部貫通銃創」で戦死。21歳でした。

明治38年5月31日

今後は国家の仇たる彼の露助の首をしてハルピン湖の底のもくずと消さしめ、誓って国恩の万分の一に酬いんとす。不幸にして最後までつくすあたわずんば死を以てこれに酬はんとす。

（出征梅沢旅団近衛后備歩兵第二聯隊第二中隊　柳澤嘉一郎）

戦争は、敵と味方を峻別します。そこでは、国という属性が決定的な意味をもち、〈国家の仇〉たる〈露助の首〉という露骨な敵愾心が前面に出でてきています。敵国（人）とみなされれば何をしても構わないという、場合によっては際限ない殺戮までもが正当化されていったことは、アジア太平洋戦争でも見られた通りです。兵士たちの手紙にも、グロテスクなまでの表現があります。

しかし、正義と自衛はあくまでも日本側にとってのものであり、ロシアから見ればまた別の主張があるのは当然です。ましてや、韓国や清国の人々にとっては無縁の価値観でした。しかし、そこに気づいた手紙はありません。

2　韓国支配こそが戦争目的

日本は、大きな賭けともいえるリスクを冒してまでなぜロシアとの戦争に踏み切ったのでしょうか。最大の目的は、韓国の完全な支配権確立でした。それをよく示しているのが、全権として講和会議に出席する小村寿太郎に与えられた「訓令」です。中でも最重要なのが「甲　絶対的条件」でした。

一、韓国ヲ我全然自由処分ニ委スルコトヲ露国ニ約諾（約束して承知さること）セシムルコト

小村はこの線を最低条件として精一杯努力しました。その結果結ばれたのがポーツマス条約でした。その第二条です。

二、露西亜帝国政府は、日本国が韓国に於いて政事上、軍事上および経済上の卓絶な

る利益を有することを承認し、日本帝国政府が韓国に於いて必要と認むる指導、保護および監理（監督し取り締まること）の措置を執るにあたり、これを阻礙（そが）（さまたげる）しまたは干渉せざることを約す。

このほかの条項も含め、日本はほぼ要求を勝ち得たといえます。それゆえ、条約を斡旋したアメリカのルーズベルト大統領から小村全権に祝辞が贈られました。それに対し明治天皇は早速返信し、謝意を伝えています。

朕（ちん）は（中略）閣下の祝電を満足を以て受理し、且つ深く感謝す（中略）。閣下の公平無私、不断の努力を尊重し（中略）講和の設定に閣下が致されたる至道（しどう）（人としての最高のとるべき道）の行為を感謝嘉賞（かしょう）（ほめたたえること）するものなる事を確信す。

（宮内庁『明治天皇紀　十一』）

この謝意からも、日本政府のほぼ満足する内容の条約だったことがわかります。しかし、国民の多くは、賠償金が得られず、思うような領土が獲得できなかったことに対して暴動まで起こして反対したことは先に見た通りです。同様に大いに不満を述べていた兵士たちは、韓国支配についてはどう見ていたのでしょうか。

明治39年1月1日

当韓国も今や我が忠厚（誠実で情に厚いこと）なる政府の配下に属し、山河草木ことごとく昭光（輝く光）に浴し、ために当地の如き無智の民が緩やかに居住致し（中略）、吾々無鉄砲の軍人の目にもまた美景と唱えおり候（中略）。朗かなる翠松（青々とした松）のうるおい滴るところ春鴎の舞ふ。また帝国の華やぎを祝するかの様に相見え候。小生等は（中略）（韓国の…筆者補足）山谷にて越年致し候とも、皆我が領土にして海外千里の地もまた郷里の国風の感これあり候。

（韓国駐箚軍永興湾要塞砲大隊第一中隊　宮坂濱太郎）

韓国併合の4年前の手紙ですが、宮坂はすでに〈韓国も今や〉〈我が政府の配下〉だとはっきり認識しています。日露戦争が何のために戦われたのかを象徴しているかのような文言です。〈当地の如き無智の民〉という蔑視もまた、当時としては一般的だったのでしょう。異国の地で任務として年を越すというのは、普通の感覚なら勘弁して欲しいと思うところですが、〈皆我が領土〉だから我慢できると言いたかったのでしょうか。
次もまた、日露戦争の目的が何だったのか、明言しています。

明治39年2月12日

戦局は思の外にて終局し、東洋平和に復し清国韓国に於ける権利を掌握し、宣戦の目的を全く達せしめ、我が日本国をして月桂冠を戴かしめ、今や全く新天地をうかがひ実に今回の如き日英条約を見るなど、これまた人道のために賀すべき事にござ候。

（出征第四軍野戦砲兵十五聯隊第三中隊　北沢重成）

ロシアの不正を糺し、自衛のために仕方なく戦争に踏み切るとして国内外に説明したはずですが、ここにはその論調は全くといっていいほど見当たりません。〈清国韓国に於ける権利を掌握〉することが〈宣戦の目的〉だったと、正直に述べています。正義と自衛は、結局は下の鎧（よろい）を隠す衣だったのでしょう。
ちなみに、ここでいう〈日英条約〉は、１９０５年の第二次日英同盟条約のことです。

イギリスはこの条約で日本の韓国における支配権を公認しました。日本はまた、イギリスのインドの植民地支配を認めています。つまりは、帝国主義国同士の取引でした。

戦争の結果は、北沢に限らず多くの日本人にとって、〈我が日本国をして月桂冠を戴かしめ、今や全く新天地をうかが〉うという大きな自信につながりました。一連の〈賀すべき事〉以降、多くの日本人は〝一等国〟を任じ、有頂天になっていきました。欧米に伍する、とまではいかなくとも、それに連なるポジションを得たという自負でした。それはまた、清国や韓国への優越感と表裏をなしていました。

しかし、そうした風潮に惑わされることなく、日本の行く末を冷徹に見つめていた日本人も少なからずいました。その一人が作家の夏目漱石です。「三四郎」の一節を引用します。

男もつづいて席に返った。そうして、

「どうも西洋人は美しいですね」と言った。

三四郎はべつだんの答も出ないのでただはあと受けて笑っていた。すると髭の男は「お互いは哀れだなあ」と言い出した。「こんな顔をして。こんなに弱っていては、い

> くら日露戦争に勝って、一等国になってもだめですね。もっとも建物を見ても、庭園を見ても、いずれも顔相応のところだが、—あなたは東京がはじめてなら、まだ富士山を見たことがないでしょう。今に見えるから御覧なさい。あれが日本一の名物だ。あれよりほかに自慢するものは何もない。ところがその富士山は天然自然に昔からあったものなんだからしかたがない。我々がこしらえたものじゃない」と言ってまたにやにや笑っている。
>
> 三四郎は日露戦争以後こんな人間に出会うとは思いもよらなかった。どうも日本人じゃないような気がする。
>
> 「しかしこれからは日本もだんだん発展するでしょう」と弁護した。すると、かの男はすましたもので、「滅びるね」と言った。
>
> 熊本でこんなことを口に出せば、すぐ擲ぐられる。わるくすると国賊扱にされる。
>
> （『三四郎』（角川文庫））

漱石は、〝一等国〟と浮かれている日本人の皮相さを〈髭の男〉によって浮かび上がらせています。その一方で、欧米人への劣等感があることも見抜いていました。

日露戦争終結後の１９０５年11月、日本は韓国を保護国として外交権を奪いました。同年12月には伊藤博文が初代統監として赴任。前掲の宮坂や北沢の手紙はちょうどその頃のものです。これに対し、韓国皇帝は１９０７年、オランダ・ハーグで開催された第2回万国平和会議で、日本による韓国支配の不当性を世界に訴えようとしましたが、失敗に終わりました。しかし、それ以降も韓国各地では日本に対する激しい抵抗が起き、１９０９年、韓国植民地化の象徴と目された伊藤博文がハルピン駅頭で安重根によって殺害されました。反対運動を抑えつけながら翌１９１０年、日本政府は「韓国併合に関する日韓条約」締結を強行、韓国は消滅、完全に日本の領土の一部にされました。

日本国内では大多数がこれを歓迎する中、わずかですが反対がありました。歌人の石川啄木の悲壮な思いが伝わってくる歌です。

地図の上　朝鮮国に黒々と　墨をぬりつつ秋風を聴く

しかし、日本政府はこうした声を完全に封じていきました。ロシア史研究者の広瀬健夫は、「日露戦争に反対し、朝鮮の植民地化に反対していたひとにぎりの社会主義者は日本人の間で孤立し、さらに大逆事件で根こそぎにされ、国内の批判派を一掃した日本政府は安んじて「日韓併合」を行う事ができた」と分析しています（「向こう側からみた日露戦争」『日本近代史の虚像と実像Ⅰ』）。

こうして強権的に併合はしたものの、独立のための戦いは朝鮮半島各地で粘り強く続けられていきました。それを抑えるために、初代の寺内正毅（まさたけ）はじめ歴代の朝鮮総督には、すべて軍人が任命され、〝武断政治〟が行われました。

独立運動を抑える任務に就いていた兵士の中に、県（あがた）村出身の丸山亀太郎もいました。丸山は、当初の十五連隊から山梨の四十九連隊に異動になっていますが、その事情はわかりません。四十九連隊は１９０５年７月からの樺太攻撃に参加し、同年10月に宇品（うじな）港に帰国しました。丸山はそのまま帰郷するはずでしたが、突然朝鮮半島北部の茂山（もざん）の〝守備〟に動員されました。

明治38年11月５日

私も樺太より廣島へ凱旋致し候へば、なおさら嬉しく早く帰郷の命令をと待ちおり候ところ、急の命令にて北韓守備を命ぜられ去月十八日宇品港出帆致し海上中無事韓国咸鏡道清津に二十一日に上陸し、その地より連日の行軍を以て咸鏡北道茂山に二十七日安着致し、某隊と交代し守備の任務につきおり候。

（韓国咸鏡北道茂山歩兵第四十九聯隊拾壱中隊　丸山亀太郎）

せっかく帰国できると期待していた丸山の落胆ぶりがうかがえます。

茂山を含む韓国東北部の咸鏡北道は、日露戦争開始後の1904年8月には事実上の日本軍政下におかれました。韓国は交戦相手国ではありませんので、本来軍政など敷くことはできなかったのですが、武力によりここ一帯の地方官の行政権限を奪ったのです。当然現地の人々からの強い抵抗がありましたが、それを弾圧していたのが丸山たちの部隊でした。丸山の手紙の後半には、「朝鮮守備之歌」という軍歌の歌詞が紹介されています。その一節です。

韓は日本の保護国ぞ　汝は之を日本化し　日本魂注き入れ　北の固めを陣えよ

韓国の〈日本化〉は、日露戦争の時から始まっていました。

第7章

兵士たちと軍事郵便

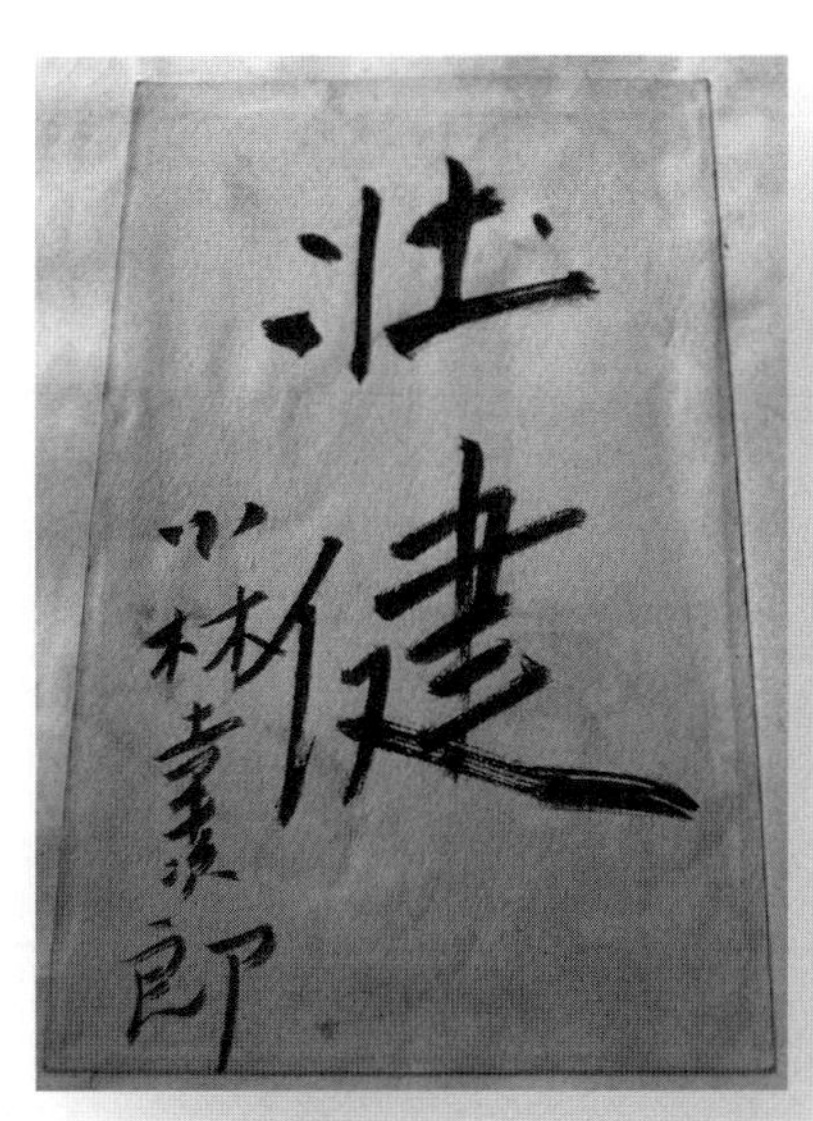

1　望郷の念

兵士たちの手紙は、その分量も内容もさまざまです。便箋8枚に及ぶものもあれば、虫眼鏡でもなければ読めないような細かい字ではがき1枚にぎっしりと書かれたものもあります。軍事郵便は無料でしたから、ここぞとばかりに多くを書いたということもあるでしょうが、それだけ募る思いがあったともいえます。逆に、ごくわずかしか書いていないものもあります。分量の多寡にかかわらず、彼らが最も書きたかったことは共通していました。それは、自分が無事であるということでした。

明治37年11月29日
頗(すこぶる)健全
（清国遼陽近補六―三―三　小林幸次郎）

明治38年2月3日
健在
（歩兵第十五聯隊本部　橋本益太）

この2通は、2、3文字だけでほかには全く何も書いてありません。しかし、言いたいことは十分に伝わってきます。また、国内においては、新聞が戦場の様子を伝えていましたが、すべての戦闘や部隊について記事にできるわけもなく、また検閲を受けていました。断片的な情報しか得られない家族が、自分の安否を心配しているであろうことを気にしていたと思われます。

明治37年12月27日

その後御無沙汰致し候。既に新聞紙上にて御覧の通り二〇三高地占領致し候。この戦いを始めとして数回小戦致し候も、今なお生き残りおり候。

（第七師団野戦歩第二八聯隊第十二中隊　小林森太）

小林の〈今なお〉には実感がこもっています。しかし、翌年3月10日の奉天の戦いで「胸部貫通銃創のため」戦死。ちょうど29歳の誕生日でした。二〇三高地の激戦は国内でも知られていましたので、〈今なお生き残り〉とわざわざ書いたのでしょう。それはまた、自らの生を改めて確認することでもありました。

無事を伝えることのほかに多いのは、家族の健康を心配したり農作物の出来具合や養蚕の成否などに心を砕いている内容です。故郷の義勇会などが、どれほど〝後顧の憂いをなさしめ〞る活動をしていたとしても、戦地にあっては故郷の人々の健康や暮らしが気にかかり、望郷の念はいっそう高まっていました。

明治37年10月2日

兄上様には本年は農蚕事業につき非常なる御勉強のおもむき、その結果として（中略）初めての家なるにも拘わらず養蚕の結果良好、かつ野菜等に至るまでこれまた良好豊富なりし由、誠に何よりのことと喜びお祝いたてまつり候。（中略）姉上様には先日十三日の夜より御病気にて今なお御病床中とのこと、実に驚き入り申し候。如何なる御病気にござ候や、また目下の御容態如何に候やと非常に心配致しおり候。御多忙にはござ候えども取急ぎ御聞かせ下さりたく願い上げ候。

（第一師団兵站弾薬縦列　横関伊勢太郎）

横関にとっては、前半の農蚕のことよりも、姉の病気のことが気がかりだったことがよくわかります。その後の彦次郎の手紙によって、腸カタルを患ったものの全快したことを知らされて喜んでいますが、一時はかなり心配したことでしょう。

家族の病気はもちろん、それ以外のことでも故郷のことは常に念頭にありました。

明治38年5月25日

姉上様には（中略）御全快、もはや士気旺盛にて養蚕の御準備中（今頃はもはや御飼育最中ならん）の由、何より結構実に安心つかまつり候。実は小林（友）先生も御親切に御知らせ下され候え得しが、ちとお話大き過ぎたる様に感じ、実は非常に心配致し候次第にござ候。（中略）先頃は高木の男兄弟四人と母様・八千代・みきよ三人の写真の送付に接し（中略）、陣中何よりの貴重品とて朝に夕にまたまた昼に時々打ながめ、自ら心を慰めおり候。（中略）母様の御年寄られしにも驚き申し候。わずか満一年と三、四月位にして、しかし御壮健にて何よりと喜びおり申し候。御閑暇を得て、みよしさんの御写真頂戴つかまつりたし。

（第一師団兵站弾薬縦列　横関伊勢太郎）

家族や親族の写真を〈朝に夕にまたまた昼に時々打ながめ〉には、もはや何の説明もいらないでしょう。〈みよしさん〉は横関の姉の娘です。出征後に生まれていますので、写真を欲しがったのもわかります。

このほかにも、養蚕の成否を気にかけている手紙は少なくありません。ちょうどこの頃、日本の生糸輸出量は清国を抜いて世界一に躍り出ていました。上田小県(ちいさがた)地域において、桑園面積が田のそれを追い越したのもこの頃です。兵士たちの生家もまたほとんどが養蚕農家でしたので、その出来不出来を心配するのは当然でした。

明治38年6月24日
目下内地の景況は如何に候や。養蚕等も定めて上結果なりし事と推察致しおり候。
（野戦歩兵第十五聯隊本部　橋本益太）

明治37年6月3日
目下春蚕の時節柄、なおまた農事の初歩にて御多忙の御事と遥察たてまつり候。
（近衛師六隊第三小隊第三分隊第三班長　小林幸次郎）

明治39年5月12日

もはや御地は養蚕の時節とて、定めし御多忙の御事あらんと遥察たてまつり候。

（横須賀砲兵聯隊勤務中　掛川伊勢次郎）

故郷の農作物が不出来と聞けば、戦地にいても、いや戦地ゆえに想像するしかなく心を痛めました。

明治38年12月17日

本年は作物は不作、養蚕は不結果等のため凶年の由、誠に悲しく候。留守宅は御存知の通りかかる始末にこれあり候につき、何とぞ御心添へ下さりたく願い上げ候。

（満州軍野戦情報兵第四連隊　掛川伊勢次郎）

１９０２年（明治35年）から始まった冷夏は、この年も凶作をもたらしました（『防災情報新聞』２０１２年7月5日付）。しかし、苦境に陥った農家の救済を政府に期待することはできませんでした。当時の国家予算の50％以上は軍事費が占めており、民生費は極めて限られていたからです。掛川が〈留守宅は御存知の通りかかる始末〉と実家の窮状を知らされても、姉の婚家に〈何とぞ御心添へ下さりたく願〉うしかなかったのです。

2　兵士たちの立場

日露戦争の陸戦で勝利だと断言できるのは、緒戦の鴨緑江(おうりょくこう)渡河作戦くらいです。ほかは、開戦からのわずか半年間で兵力の１割以上を失い、その後も大きな犠牲を出しての戦闘が相次いだのが実態でした。失われた兵力を補塡(ほてん)すべく、１９０４年9月末、徴兵令が〝改正〟されました。いったん兵役の終了した後備(こうび)兵役期間を、それまでの5年から10年に延長、実質的に動員できる兵士の数を増やしたのです。しかし、それはいかにも急ごしらえの措置だったことは次の手紙からもわかります。

明治37年11月17日

徴兵令改正、後備役五ヶ年延期の結果として御地の佐藤君等も召集せられ候由、誰彼の別なく国家のために誠に御苦労の御事にござ候。右の如き有様ゆえ、したがって軍服や靴類の必要数も莫大なるにつき、内地にてはもはや毛類ならびに革類の資材欠乏の有り様とやら。吾々出征軍人は当春応召の節に給与せられし軍服にてその後の追送給与これ無きため、労働多き者などは皆破れたる品にて困窮致しおり候。しかし、これも国家のために候えば、弊衣（へいい）（破れた衣服）も寒さもへとも思わず皆々勇みおり候。

（出征第三軍第一師団兵站弾薬縦列陸軍砲曹長　横関伊勢太郎）

軍服や軍靴など最低限のものさえ欠乏しているのに新たに召集するあたりに、兵士を大切にしない日本軍の特質をみる思いがします。満州の11月といえば、相当の寒さだったはずです。しかし、軍服は春に支給されて以来全くなかったことにも驚かされます。〈弊衣も寒さもへとも思わ〉ないと強がってはいますが、無理にでも自分にそう言い聞かせなければやっていけないほどの厳しい状況の裏返しだったといえます。

明治37年11月21日

故郷にては、第一補兵より第二補充兵第一国民兵に至るまで動員の命令に接したる由、実に今回の事変たる振古（しんこ）（大昔）より未曾有の大事件にして国の興亡にも関する事ゆえ、軍人より黎首（れいしゅ）（一般庶民）に至るまで尽瘁（じんすい）（一生懸命力を尽くす）以て国難を一掃し、叡慮泰山（えいりょたいざん）（天皇の気持ちを安らかにすること）のあきにたてまつるは兵力の消長によるを以て、したがって勅令も自然の趨勢（成り行き）とは申すものの、故旧（故郷の人々）は定めて騒しき事と推察たてまつり候。

（第三軍第一近衛師団第十一補助輸卒隊第一小隊第三分隊　桜井藤吉）

桜井の言う通り、日本軍は補欠要員とでもいうべき補充兵まで動員しなければ戦えないほど、兵力を損耗していました。ちなみに第一補充兵は、徴兵検査で現役兵と同じ甲種合格者ですが、定員が足りていたために召集されなかった兵であり、第二補充兵は徴兵検査で次のランクとして位置づけられた兵です。第一国民兵（後備兵）は、いったん兵役を終えた兵士です。平時なら召集されないはずの兵員まで拡大して動員したのです。兵士に支給すべき軍服や軍靴など必要物資が不足するゆえんでした。

桜井は、勝つためには兵力の〈消長〉こそ重要と考え、増員は〈自然の趨勢〉と理解を示してはいます。しかし、一方では〈故旧は定めて騒しき〉と、当惑しているであろう故郷を思いやっています。

そうしてまで集められた兵士たちですが、往々にして消耗品としてしか扱われませんでした。そのことへの怒りを『平民新聞』に書き送った兵士もいました。

「余は如何にして社会主義者になりしか」

先年現役兵に徴集せられ、別社会のこととて、万事異様の感慨に打たれたる折柄、或筋多き者が新兵に向かって最も残酷なる一語を吐けり、曰く「汝等如き者は死んでもかまわない、伝票を切れば何程も替りが来る」この一語は予の脳髄に深刻せられて深く軍隊の害悪を感ぜしめたり。

（『平民新聞』8号　明治37年1月3日付）

これを書いた半田一郎は、小県（ちいさがた）郡傍陽（そえひ）村（上田市）出身で、第三軍徒歩砲兵第一連隊の一等卒として出征、旅順攻囲戦や奉天戦に参加しました。生家は蚕種生産を兼業する農家でしたので、それなりの収入があったと思われます。その半田がなぜ社会主義者となったのか。決定づけたのは軍隊での経験でした。

〈或筋多き者〉とは階級章から見た上級の将校を指していると思われます。それにしても、〈汝等如き者は死んでもかまわない、伝票を切れば何程も替りが来る〉の一言は強烈です。半田でなくとも、ショックに打ちのめされそうです。

日本軍は無謀な突撃を繰り返して死者の山を築いても、それを深刻に受け止めることもなく教訓として次に生かすこともしませんでした。指揮官が責任を取ることもありませんでした。半田の怒りの元となった将校の発言と通底するものがありそうです。
この体験は、半田のその後の生き方に大きな影響を与えました。日露戦争からは無事帰還しましたが、すぐには故郷に帰らず、東京市電の値上げ反対運動に参加し検挙されました。田中正造の生き方にも感化され、「社会主義の一卒たらんと決心」（『平民新聞』）しています。実際、「明治期県下社会主義者台頭状況につき県特高課調」（『長野県史』近代史料八巻三）には、「早くより社会主義者となり」と記され、特高警察の調査対象となっています。

前章で触れた脚気(かっけ)患者の続出もまた、兵士の命を軽く見たことの表れでした。日露戦争当時はまだ脚気の原因は突き止められていませんでしたが、海軍では軍医の高木兼寛(かねひろ)が麦飯で予防できることを確認、食事に取り入れられていました。一方、陸軍は、軍医の森林太郎（鷗外(おうがい)）らが細菌説に固執するあまり、栄養素起因説を採る高木たちの成果を無視し続けました。その結果、日露戦争が始まると、陸軍では脚気患者が増え続けました。深刻な状態に、ようやく１９０４年の９月頃から陸軍の一部にも麦飯が取り入れられました。しかし、一部にとどまったり遅きに失したこともあり、県(あがた)村出身兵士も少なくとも8名が罹患し、後送されています。兵士の命や健康よりも、森林太郎をはじめとする東大医学部や陸軍軍医という権威を重んじた〝人災〟だったという面は否定できません。

兵士たちが軽く扱われたといえるもう一つの点は、戦闘の当事者であるにもかかわらず、必要な情報が正しく伝えられなかったことです。

無謀な突撃作戦や、戦争継続が不可能なほどに兵力や武器弾薬の欠乏していたことなども正確には知らされていませんでした。上意下達の命令遵守だけが強制されていたため、兵士たちは疑問を持つこともできませんでした。時に〈大勝利〉と浮かれて、威勢のいい主張を繰り返したのも、客観的な判断をするだけの情報が与えられなかったからだといえます。

戦況がどう推移するか、それは最も兵士たちの知りたがっていたことでしたが、きちんとした説明などあるわけではなく、断片的かあるいは噂話でしか伝わりませんでした。

明治38年7月27日

大平洋に吹き起こりたる平和の風は晴るか降るかその雲行きの如何をうかがうは、戦地にある小生等には最も興味あることにござ候。哈爾浜浦港（ハルピンとウラジオストック）を屠（攻め滅ぼす）らざれば血なまぐさ風なぎて、平和の天日を仰ぐを得ざるか。何れにせよ前途はなお遼遠（はるかに遠い）に候べければ益々奮励、国のために尽瘁つかまつるべく覚悟にこれあり候。

（出征第二軍後備歩兵第一旅団後備歩兵第十五連隊第四中隊　馬場只市）

馬場がこの手紙を出した時点では、すでに日本海海戦で勝利しており、条約交渉を有利に進めるべく派遣されていた樺太でもロシア軍を降伏させていました。また、講和条約に向かう日本側全権の小村寿太郎は、すでにシアトルに到着していました。つまり、ほぼ戦争は終結していたのです。しかし、戦地にいる馬場たちが、いくら〈雲行きの如何をうかがうは、戦地にある小生等には最も興味あることにござ候〉と欲しても、〈何れにせよ前途はなお遼遠〉としか伝えられなかったのでしょう。

次の手紙も、戦地にいてはよくわからない戦況を問い合わせたものです。

明治38年9月10日

どうやらこの頃の話しでは日ロ談判もまとまったようですが事実ですかネ。吾々軍人社会一般の噂です。事実をお知らせ下さい。

（野戦重砲兵第四連隊　掛川伊勢次郎）

9月5日には、講和条約反対運動や日比谷焼き討ち事件まで起きていたのですが、戦地の兵士には半信半疑だったのでしょうか。この手紙が差し出されたのは、講和条約締結の5日後なのです。

3　手柄を立てるということ

故郷や祖国の人々から華々しく送られた歓呼に応え、また自分の死に意義を見出そうとした兵士が戦場で求めたものは手柄でした。

明治37年11月15日

小生こと相変わらず無事にて軍務に従事致しおり候ところ、当満州の広野にもはや数か月経るも未だ何等の軍功も揚げ申さず、平素御配慮を蒙りし御恩に引き替へ誠に赤面の至りにござ候。今後増々奮勉、以てめでたく故山に帰郷致したく日夜心魂(しんこん)（魂を込める）に徹し、勉励(べんれい)（務め励むこと）いたし候あいだ他事ながら御安心遊ばされたし。

（第二軍兵站電信隊第四小隊　宮坂只四郎）

〈軍功も揚げ〉ないことを〈赤面の至り〉と恥じています。時候のあいさつの一部ですので、さほどの深い意味はないのかもしれません。しかし、多かれ少なかれ〈軍功〉を意識していたのは間違いないでしょう。

明治38年8月6日

小生、さきの征清の役と違ひ今回は砲兵科の身を以て輸卒隊に付きし事に候へば何やら物足らぬ心地も致され、従って郷党の父兄に誇るべき手柄話も少く誠に残念に存じおり候。

（第一師団第廿弐号補助輸卒（ゆそつ）隊　大熊辨七）

大熊は日清戦争に続いて二度めの従軍でした。その時は戦闘員でしたが、日露戦争では樺太占領後の資材搬入作業の監督に当たっています。戦闘に参加していないがゆえに、〈郷党の父兄に誇るべき手柄話〉もなく〈残念〉だというわけです。

手柄といえば、次の歌を想起される方も多いでしょう。

囲炉裏（いろり）の端に縄なふ父は
過ぎしいくさの手柄を語る
居並ぶ子供は　ねむさを忘れて

耳を傾け　こぶしを握る
囲炉裏火はとろとろ
　外は吹雪

1912（大正元）年に発表された文部省唱歌「冬の夜」の2番の歌詞です。ゆったりしたメロディーと、〈囲炉裏〉〈縄なふ〉などの言葉が郷愁を誘います。〈過ぎしいくさ〉が日清戦争なのか日露戦争なのか、作者不明ということもあってはっきりしませんが、〈いくさの手柄を語る〉に着目したいと思います。さらに〈居並ぶ子供〉も気になるところです。〈手柄〉話に〈ねむさを忘れて　耳を傾け　こぶしを握る〉のですから。わくわくしながら聞き入り、自分たちも後に続くことを決意している姿が浮かびます。一見穏やかな唱歌ですが、〈いくさの手柄〉とは戦争の積極的な肯定です。文部省がどんな子どもたちを育てようとしていたかがよくわかります。なお、ここの部分は、現在では〝過ぎし昔の思いを語る〟に改変されています。

では、手柄を挙げるとは、具体的にはどういうことでしょうか。その一端を表している絵はがきがあります。絵柄と書かれている文面の差に驚かされます。

「生首進呈」と書かれた掛川伊勢次郎のはがき

明治38年3月30日
露助の生首の御吸物　時候御見舞の験（しるし）までに進呈致します。
（野戦砲兵連隊
掛川伊勢次郎）

この時期の〈時候見舞い〉とは何かよくわかりませんが、〈生首〉にはさすがにどきっとさせられます。

次もまた、戦争とは何かをストレートに伝えています。

明治38年9月9日

毎日人殺しの工夫に余念これなく頗る呑気に生活致しおり候（中略）。ロスケといふ人間を殺せ、最も多く殺した者は金鵄勲章だから、およそ世界にこんな呑気なものはなからんと存じ申し候。

（第三軍第一師団第野戦砲兵第一七聯隊第四中隊　小田中丈夫）

わずかこれだけの文章に〈殺〉の文字が3回も出てきます。しかし、なぜそれが〈こんな呑気なもの〉というのでしょうか。二つの理由が考えられます。

一つは、小田中が大陸に渡ったのは１９０５年8月だということです。すでに戦闘らしい戦闘は終わっており、死屍累々といったような凄惨な戦場を直接その目で見ることはありませんでした。また、命の危険を感じることもなかったでしょう。それゆえ、〈呑気なもの〉に感じられたのでしょう。

二つめには、軍隊はまがりなりにも衣食住が保障されていたということです。故郷にいれば、おそらく忙しい農作業に追われていたはずです。それから解放され、身の危険もないところにいれば、〈呑気なもの〉と感じたのも無理ありません。とりわけ貧しい家庭出身の兵士には、食事がきちんとできることにありがたささえ感じられたようです。

次は、講和条約が締結され、帰国が始まった頃の手紙です。無事帰国できるという、いわば〝安全圏〟から書かれたものだけに余裕が感じられます。

明治38年11月28日

出征以来わずかの功績も無くしていたづらに国に帰らんとするこの期に臨んで（中略）鴻大（大変に大きなこと）なる恩に対してなんぞ平々凡々として御面会致さるべきか、実に赭顔（赤面）の至りに存じ候（中略）。今ようやく生命を保ちおり候は、幸か不幸かはたまた忠か不忠か。第一には上天皇陛下に対したてまつりて鴻恩（大きな恩恵）の万分の一にもつくし兼ね、二には我が師の君の御恩にむくひ兼ね候こと、誠に我が恥とするところにござ候。

（近衛師団第五補助輸卒隊第一小隊第三部隊　上原卯市）

上原が大陸に渡ったのは1905年3月であり、しかも日本が占領していた遼陽で輸送勤務に従事していましたので、戦闘にはほとんど無縁でした。それゆえ、〈わずかの功績も無く〉帰国することは、むしろ当然でした。しかし、天皇には〈鴻恩の万分の一〉も〈つくし兼ね〉、彦次郎に対しては〈御恩にむくひ兼ね〉〈我が恥〉と順位を付けて恥じています。彦次郎への〈御恩〉はともかく、天皇への〈鴻恩〉とは具体的に何を思って書いたのでしょうか。単なる枕詞程度の意味かもしれません。

手柄を立てるためには、それだけ危険に身をさらすことになり、〝名誉の戦死〟の可能性も高くなります。

明治38年12月1日

九死に一生を得て再び麗しき拝眉（お会いする）の栄を得たるは欣喜雀躍（雀が躍るように小躍りして大いに喜ぶ様子）の至りにござ候。しかし、出征以来何等の功績も無くおめおめ生き永らえし事、今更汗の至り。

（近衛師団第六補助輸卒隊第一小隊二分隊　長谷屋貞良）

長谷屋の手紙は正直です。〈何等の功績も無く〉ても、〈おめおめ生き永らえ〉ても、無事に帰還できることの方が、比較にならないほどの〈欣喜雀躍〉であることを隠していません。それは、すべての兵士の本音でもあったはずです。お雇いドイツ人医師のベルツの日記にも、庶民の正直な気持ちが描かれている部分があります。

> 家の料理人の二十四歳になる息子も召集された。彼はすでに、二人の子供がある。（中略）浦賀の近傍にある寺があって、そこは現在お参りする人が多いとか。そこでお祈りすると、身体検査のとき徴集免除になるか、もしくは出征しても無事で戻れるそうだ。（中略）家の車夫は、その次男が不合格になったのを、この寺の神様のお陰であるといっており、そんなことからこの神様は、近所で頗（すこぶ）る評判がよい。
>
> （トク・ベルツ　菅沼竜太郎訳『ベルツの日記』明治37年12月12日付）

手柄うんぬんは、あくまでも表向きのことでした。戦争に行かずに済むならそれに越したことはない。仮に行くことになったとしても、無事に帰って来てほしい。それが庶民の本心でした。どう取り繕っても、戦争は強制された死に直結するものだからです。

4　教育の〝成果〟

明治政府は、欧米列強をモデルとした強力な国民国家を作り上げることを最大の目標としていました。国民は、国家の一員として働く存在だとして位置づけられました。そのために、国家や天皇への忠誠をいかに国民に刷り込むかが大きな課題でした。学校、とりわけ小学校は、そのための重要な装置として考えられていました。したがって教師たちには、その目的を果たすために精励することが何より求められていました。

1880年の教育令改正を受けて翌年に制定された「小学校教員心得」には、国にとってのあるべき教師像がはっきりと示されています。

> 小学校教員の良否は（中略）、国家の隆盛に係わる。その任たるは重く且つ大なりといふべし。今それ小学教員その人を得て普通教育の目的を達し、人々をして身を修め業に就かしむるにあらずんば何によりてか尊王愛国の志気を振起し、風俗をして淳美（人情細やかで素朴な美しさ）ならしめ、民生をして富厚（豊かで富んでいる）なら

しめて以て国家の安寧福祉を増進を得んや。

明治十四年六月　文部卿　福岡孝弟（たかちか）

ここから見えてくるのは、教師を通して国家の意志を子どもたちに貫徹させるための教育です。師範学校では、週6時間もの〝兵式体操〟という軍隊式の集団訓練が重要な科目になっていたことも、その証左です。

さらに、忠君愛国の精神を育てることをいっそう明確にしたのが、1890年の教育勅語でした。日露戦争が始まるのはこの14年後ですが、その頃には教育勅語の狙った目的はほぼ、完成に近づきつつあったと見ることができます。

国家の施策と教育とをより一致させようと考えていたのが、日露戦争の英雄の一人と目された児玉源太郎でした。児玉は旅順攻囲戦終盤で乃木希典（のぎまれすけ）に代わって指揮を執ったことでよく知られていますが、その前は、第一次桂太郎内閣の内務大臣を務めています。その時に、文部省の廃止を画策しているのです。

なぜ児玉は文部省を廃止しようとしたのか。明治政府による民衆支配に詳しい宮地正人によりますと、文部省の管轄する「教育行政を内務行政に組み込もうとしたため」（『日露前後の社会と民衆」『講座日本史6』）だと説明しています。児玉の主張を載せた『国民新聞』です。

文部省の廃止は、あに教育行政の廃止ならんや（中略）。教育の方針をよく国是と併行一致せしめ、国家の要求に応じて有効なる人物を得、これを供給することに努めせしめ（以下略）

（『国民新聞』明治36年9月19日付）

児玉は、教育の目標を「国家の要求に応える人物の育成」であるとし、それをより強力に進めるために文部省を廃止して内務省管轄下にすべきだと主張しているのです。結局、この案は実現しませんでしたが、日露戦争以降、それまで以上に内務省が教育行政に影響力を及ぼし、文部省自体も〈国家の要求〉をより強く学校現場に求めるようになっていきました。多くの国民が、国家の行う戦争と自己の心情とを一体化させていった背景には、小学校時代から培われたこうした〝成果〟である尊皇愛国の情が根底にあったからでしょう。それゆえ、新聞がロシアへの敵愾心を高め開戦の気運を煽った時、国民の多くは迷わずそれに同調したといえます。

一方で学校は、日々教師と子どもが交流していく中で、自然に愛情が生まれる場所でもありました。兵士たちが送った手紙のうち、学校教育について触れたくだりからは、二つの面を読みとることができます。一つは、前述したように、教育は国家に奉仕すべきものという前提に立ってのものです。

明治37年11月15日
貴殿には益々御壮健にて軍国のため教育に御はげみ遊ばされ候由、欣喜斜めならず候。
（出征騎兵第二旅団十五聯隊　大熊富泰）

明治38年元旦
謹呈、職員諸君には益々御壮健熱心御教育の由、君国のため欣喜す。
（第一軍騎兵第二旅団第十五聯隊第四中隊　大熊富泰）

二通とも頭語の一部として書かれたものですし、同一人物のものですので形式的なあいさつにすぎないのかもしれません。しかし、教師の〈御壮健〉は〈君国のため欣喜〉であるとの感覚は、ごく普通に共有されていたようです。

> 明治38年7月4日
>
> 教育の任に当たる教官の出征して僅少なるの時、先生には熱心にその職を全うされ後進の子童をしてよく次代の軍人として恥じざる武士を養成するの大任を負はれ候段、これまた国家のため御苦労千万と存じたてまつり候。つきては小生の頑愚なる伜（せがれ）も種々御厄介に相成りありがたく存じたてまつり候。この上とも御教育下されたく願い上げ候。かつ学務繁多の中種々御配慮に預かり御懇情の段深く感謝たてまつり候。
>
> （出征后備歩兵第四十九聯隊第十二中隊第ノ二　坂井袈裟次郎）

坂井は小学生の子どもを持つ身で出征しました。手紙を出した時点で35歳。それにしても、子どもたちを〈軍人として恥じざる武士〉として〈養成する〉のが教師の仕事だと本気で考え、〈伜〉もまた軍人になることに抵抗はなかったのでしょうか。なお、前章で見た兵力不足は、〈教官の出征して僅少なるの時〉の一文からもわかります。

次もまた、教育の目標を国家の行う戦争への貢献としてストレートに結びつけています。

明治38年10月12日

御尊体には御壮健にて国民教育に御鞅掌（忙しく立ち働く）なし下され候は、実に熱情を以て感謝するのほかこれ無く候、却説今般世界を驚動しめたる日本軍隊の実力は　上天皇陛下の御威徳によるとは申しながら国家的教育に貢献されたる諸君の御尽瘁（一生懸命に努力する）故の経験を現し、日本国民壮丁の脳中国家あるを知りて命あるを知らざる一種持有の潜勢力（内面に潜んで表に出ない勢力）のある有りて、かかる最大勝利と最大名誉を博したることと大いに教育家諸君に日々感佩（心から感謝して忘れないこと）することにござ候。

（出征第三軍后備歩兵第四十九聯隊第九中隊　佐藤寅之助）

〈上天皇陛下〉の上が一文字分空いているのは闕字です。天皇への敬意を表す表記ですが、それよりもむしろ敬意すべき最大の対象は、彦次郎はじめ教育者としています。〈日本国民壮丁の脳中国家あるを知りて命あるを知らざる一種持有の潜勢力〉を育てたことに〈感佩〉しているのですから。

佐藤は一介の陸軍軍曹に過ぎませんが、あたかも国家の指導者のような言い回しです。

大時代的な表現も気になります。それほど彦次郎に〈感佩〉していたともいえますが。次もまた、勝利の要因を教育の力に求め、教育者に感謝しています。

明治37年7月12日

今や我が皇師（天皇の軍隊）の向かふ所攻めて取らざるなく撃ちてこれを落とさざるは無し。これ天佑（天の助け）のしからしむるとは申しながら且つは我が国教育者の力大なりとも存じ候。（野戦歩兵第拾五連隊第拾壱中隊　田中藤之丞）

以上見てきたように、兵士たちは〈国家的教育に貢献〉する〈教育者〉として、彦次郎への敬意を表しています。しかし、それはいわば〝よそ行き〟のあいさつでした。それ以上に手紙から立ち上がってくるのは、彦次郎に対する国家を抜きにした思慕と敬愛です。これこそが兵士たちが彦次郎に手紙を出した最大の理由だったと思えるのです。

明治38年12月5日

我が慕しき大人（彦次郎のこと）と僕が少年時代の父母たる懐しき大人と僕が半生涯

の教導者として熱き血の如きその御恩とその御恵みは未だに夢々忘るることなかりし。今また我は征戦萬里遙か満州の野にあるの身となりしに、いつにかわらぬ大人の御情、僕は満身大人の尊き情愛に浴したる。（中略）高き深き厚き大人の愛情は、我が死すともその記憶は去らざるところにござ候。

（出征第三軍野戦砲兵第一七聯隊第四中隊　小田中丈夫）

短い文のなかに〈大人〉が5度も使われています。かなり大袈裟な表現のような気もしますが、それだけ小学校時代を懐かしんでいるからでしょう。小田中もおそらくほかの兵士と同様に、小学校卒業が最終学歴だったと推定できますが、そのことも大きかったと思われます。

明治38年11月28日

この長き月日の間、一つの音信も致さず過ごし候てなんとも申し訳これなく候。愚生幼稚の頃よりこの学(まなび)の庭に年を積み、朝に夕に仰ぎ給へし我が師の君我が学の庭、（中略）いかなればこそかくは御無音に打ち過ぎに候ぞ、誠に我ながら悔ゆるところにござ候。願わくは我が師の君、御推諒下されたく候。

（近衛師団第五補助輸卒隊第一小隊第三部隊　上原卯市）

前掲上原の手紙の書き出しです。上原のものはこの一通だけですが、出征以来ずっと手紙を出さなかったことを悔いています。少なくとも帰国前には何としても〈我が師の君〉への感謝を伝えておきたかったのでしょう。

兵士たちは、母校の後輩にあたる児童たちにも手紙を書き送っています。

明治37年11月28日

このたびは小生の軍帽および戦時画報を貴小学校の修身科のため御保存下されたる候由、誠にありがたく御礼申し上げ候。何とぞよろしく御取計らい下されたし。

（東京予備病院戸山分院第一区第一三番室　小林益雄）

小林は、〈軍帽〉〈戦時画報〉を修身科でどのように役立ててもらおうと考えていたのでしょうか。軍帽を送ることで、自身の出征から戦闘で負傷して入院するまでの戦歴を伝えたかったのかもしれません。

『戦時画報』は１９０４年３月から１９０５年10月にかけて発行されたグラフ雑誌です。国木田独歩が編集していました。以下の様に分析されています。

日本軍が持つ精神力の強さ、言わば彼らの『豪胆さ』も強くアピールしていた。また、そうした心身ともに優れた兵士達が壮絶な戦死を遂げていく様子も多く描かれており（中略）日本軍の「強さ」を描いた作品からは、その内容の真偽はともかく、日本軍がどれほど傷ついても前進する「強靭な体力」と、決して痛みや死を恐れない「不屈の精神力」を持つ集団であるということを読者に対して伝えようとする強い意思を感じ取ることが出来る。

（坂内裕「日露戦争下に於けるグラフ誌『戦時画報』の分析」）

小林は、この本を送ることによって日本兵の〈強靭〉さを子どもたちに伝えようとしたものと思われます。修身科がどのような教科であったか、その一端がわかります。

次は、子どもたち相手とは思えないような内容です。

明治37年11月10日

田中停車場前に於いて、貴校生徒に対し土産にはロスキーの首を一人一首ずつ進呈の御約束を申し置き候得ども未だ少々不足を来たしおり候得ば、今後鉄嶺の近方にて首級（討ち取った首）して帰京の節御諸氏に御分配つかまつる予定に候へば校長閣下より宜しく生徒諸君に御伝言を乞ふ。

（奉天府下野戦砲兵第一旅団弾薬大隊第四縦列分隊長　武井龍太郎）

一人一つずつ〈首級〉を配るとの約束を子どもたちはどう聞いたのでしょうか。彦次郎校長が〈御伝言〉をどう伝えたのかも気になります。

5　彦次郎の兵士たちへの愛情

兵士たちの手紙の多くは、「拝復」で始まっています。

彦次郎は出征から帰国までの約2年間、多くの郷土出身兵士に手紙を送り続けました。手紙だけではなく、医薬品や新聞など実に多くの物品も送っています。彦次郎の善意と責任感のなせるわざでしょう。そうした厚意に十分な恩義を感じたからこそ、兵士たちはせめてもの気持ちとして礼状を出し、近況など知らせたのだと思われます。

明治39年2月4日

御芳書に接せられ快よく披見（ひけん）（手紙など開いて読むこと）申し上げ候。御地のあり様その他種々なる状況を委細に御通知下され、誠に御厚志の程に感謝申し上げ候。その節は、戦地に最も働くところの懐中要薬をお送り下され、かつ御慈悲の程、幾重にも感謝申し上げ候。

（出征鴨緑江軍徒歩砲兵第一独立大隊第二中隊　吉田儀市）

故郷の状況を詳しく知らせてくれ、かつ〈戦地に最も働くところの懐中要薬〉を送ってくれた恩師に対し、〈幾重にも感謝〉したのは当然でしょう。戦場には野戦病院も開設され、軍医もいました。しかし、激戦に次ぐ激戦だったため、治療活動は思うに任せなかったといいます。そうした状況でしたので、彦次郎からの薬は精神的にも大いに勇気づけられたはずです。

明治37年10月30日

過般（かはん）（先頃）来、再三再四御細書（さいしょ）（詳しい手紙）を頂きかたじけなく存じ候。かつ過日は「セメンエン」まで封入、御恵送下され誠にありがたく御礼申し上げ候。時々の御細書により故郷の情況がわかり、あたかも目撃したる如き感つかまつり、実に御厚意の段何と御礼申し上げ候てよろしきやら拙筆のよく尽くすあたわざる次第にござ候。ことに県村出身の各兵士の隊号のわかる明細表等の如きはお互いに文通致すに実に好都合にてかたじけなく御礼申し上げ候。過般は小生の任官につき、御祝詞を頂き誠に汗顔（かんがん）の至り（顔に汗をかくほど恥ずかしいこと）にござ候。ほんのいささかな進級にて、しかし御承知の通り階級を重んずる軍隊に於いては大いに名誉と存じおり候なる次第ゆえ、自分ながらも喜びおり候。決してお笑ひ下さるまじく候（呵々、しかし実際自分でも嬉しいですよ）。なおまた過日の吾々兄弟のことにつきての信毎新聞に御掲載なし下され、その新聞は小林友次郎先生よりも送られ、他の戦友のところへも到着し閲覧つかまつり候ところ、その文体の立派さには実にありがたく感謝たてまつり候。その後、その新聞について故郷の各位よりも続々と御祝ひ状を頂き、大いに面目を施し候。留守宅よりも大喜びの書面参り、厚く御礼申し上げ候。

（出征第三軍第一師団兵站弾薬縦列附陸軍砲曹長　横関伊勢太郎）

〈セメンエン〉とはサントニンともいい、明治初期の頃より虫下しの薬として広く知られていました。効果のほどはよくわかりませんが、彦次郎の愛情が感じられます。

兵士たちが一番知りたがっていたのは、故郷の近況でした。同郷の兵士の消息も、例えば誰がどこの部隊に配属されたかなどの情報は現地ではわからないらしく、彦次郎の手紙で初めて知って、感謝しているものはほかにもあります。

伊勢太郎、伊勢次郎兄弟についての『信毎』記事はどんな内容かわかりませんが、自分たちの記事が掲載されたことや、それについてほかからもお祝いされたことを大いに喜んでいます。自らの昇進についても、照れながらも〈自分ながらも喜〉んでいる様子が率直に綴られ、彦次郎との親しさが感じられます。

明治37年8月9日

たびたび御細書を頂きかたじけなく御礼申し上げ候。郷里よりの通信は何よりの楽しみにござ候。何とぞ時々内地の景況を御報知願いたく候。御苦労ながら留守宅のこと、よろしく御監督なし下されたく願い上げ候。

（出征第三軍第一師団兵站弾薬縦列陸軍砲曹長　横関伊勢太郎）

彦次郎からの手紙は〈たびたび〉であったり〈再三再四〉送られていました。2年足らずで50通近くに上っていたはずです。〈留守宅のこと〉を〈よろしく御監督〉と依頼できたのも、義理の兄ということだけでなく、普段から信頼し気安かったからでしょう。

彦次郎は、横関のような身内だけでなく、ほかの兵士にも同様に手紙や物品を送っていました。それは、彼らにとっても大きな慰めであり励ましでした。

明治37年11月17日

過日御送付下され候書面、数枚の付箋ありて本日正に拝受つかまつり候。誠意懇切に郷土の出兵諸氏の御連名通知下されありがたく御礼申し上げ候。初めて各方面に出征せらるる諸氏を知るを得るに至る。

（東京麻布区広尾分院第一番室　宮坂由三郎）

宮坂もまた〈郷土の出兵諸氏の御連名通知〉してもらったことに大いに感謝しています。いかに郷里の情報を知りたがっていたかがわかります。〈数枚の付箋ありて本日正に拝受〉したとは、宮坂が戦闘で負傷して国内の病院に送られたことによります。彦次郎の出した手紙は戦地から回りまわってようやく届けられたことがわかります。

彦次郎の送ったものは、故郷の状況を記した手紙や新聞、薬品などですが、そのすべてが兵士たちに喜ばれました。戦地にいる彼らの最も欲しているものを考えて送った彦次郎の情愛が感じられます。なかでも新聞は、また格別でした。以下列挙します。

明治38年7月21日
陣中鬱(うつ)（気分をふさぐこと）を散ずるに最も適当なる新聞紙を御恵送をかたじけなく存じ、誠に熱き情のあふれたる御厚志の程ありがたく感激を惜しむあたわざる候。早速一読つかまつり候ところ、故国の情況巨細に記載しこれあり候ゆえ本日は愉快に一日を送り、御陰様にてすこぶる気持を強くすることを得申し候。これひとえに先生の御懇切の然らしむるところと深く感謝致しおる次第にござ候。
（近衛師団第六補助輸卒隊　村田和頼）

明治38年10月12日
過日はわざわざ御送付の新聞、ありがたく拝読つかまつり候。実に目下滞在の土地は何一つ買い求める本なぞいっさい無く、御厚志の新聞はことさらありがたくこの身に感じ申し候。
（出征徒歩砲兵第五聯隊第四分隊　依田虎治良）

明治38年12月19日
色々の御通信ならびに御薬り新聞など御送付下され、誠にありがたく鳴謝たてまつり候。

（出征第一師団歩兵第十五聯隊五中隊　所松治）

明治38年6月1日

過般は新聞紙御恵投（けいとう）（お贈り）下され、ありがたく拝見。私はじめ分隊諸氏に至るまで大いに軍務中の欝をなぐさめ候。

（第三軍後備第十五旅団歩兵第四十九聯隊第二中隊第二小隊　坂井袈裟次郎）

明治38年6月15日

高地に足を運んで一望瞰視（かんし）（見下ろす）すれば、その美しさは何となく内地の春を想われ候折柄（おりがら）（ちょうどその頃）懐かしき信濃新聞お恵み下され、故郷の状況を承知つかまつり候。御厚情の程、感謝たてまつり候。

（出征第三軍第一師団第十一補助輸卒隊第三分隊　桜井藤吉）

明治38年10月14日

先頃は新聞紙御送与下されありがたく感謝候。小生ことはじめての戦地、行軍中の困難を考えて一つの読み物も持参致さず、ただ身軽にして出発したところ、今さらの如く愚考つかまつり候。幸い御送与に浴し、郷里の事情も委細わかり、故郷の場に遊びたる様に存じ候。

（韓国永興湾要塞砲兵大隊第一中隊徒歩砲兵五聯隊第四中隊　宮坂濱太郎）

明治37年7月12日

東京新聞御送付下され、本月十一日着。ありがたく同時に百万の味方を得たる様に覚へられ候。内地の新聞なれば、広告を見る際にもうれしく懐かしくために精粗（せいそ）（細かいことから大ざっぱなこと）洩らさず拝読つかまつり候。

（野戦砲兵第十五聯隊断段列三小隊八分隊　佐藤今朝五郎）

同様の書面はまだまだあって、新聞の送付がいかに喜ばれたかが改めてわかります。戦地とはいえ、四六時中戦争しているわけではありません。隊営している時には、退屈をかこっていたこともあったのです。とりわけ、戦闘が収束に向かいつつある状況では、〈軍務中の欝〉も多くなっていきました。そんな時の故郷の新聞は、それを慰める格好の情報源であり娯楽であったことがわかります。〈広告を見る際にもうれしく懐かしくために精粗洩らさず拝読〉している気持ちは、痛いほど伝わってきます。なかでも地元紙である『信濃毎日新聞』が多いのは、故郷の記事が多いということから彦次郎が判断したのでしょう。

次もまた彦次郎の気遣いを感じさせます。

明治37年6月3日

過日、つまらぬ手紙を差し上げましたところ早速に御芳翰（ほうかん）をいただき、且つ村内の状況まで御報導にあずかり何ともありがたく拝読つかまつり候。

（近衛師六隊第三小隊第三分隊第三班長　小林幸次郎）

兵士への手紙に早速返信したあたりにも、彦次郎の人柄が感じられます。

しかし、中には戦地から出した手紙ゆえに、無事届いたかどうか、心配したものもあります。

明治38年9月17日

昨日は新聞御恵与下されありがたく拝見つかまつり候。異域にありては故郷よりの音信（いんしん）（手紙）ほど頼もしきはこれ無く、新聞紙によりて時局を知るが如きは最も愉快にござ候。小生も多忙の折、乱筆ながら出征途中に野戦中隊室にて一回暑中見舞いを過般（8月24日頃か）発信つかまつり候もこれ等御落掌に相なり候や否や。遠路の情けなさに音信片便りになるのではと尋ね候。毎度発する乱筆は最終的な検閲官に没収されているやも…。思へば非情なことに身は煩悶（はんもん）（もだえ苦しみ）と相成り、懐しき先生各位や愛らしき生徒諸君の御起居（ききょ）（日々の暮らし）を知る方法もなく、四か月も過ごし候。

（出征野戦歩兵第拾五連隊第五中隊　武田光夫）

武田も、彦次郎との手紙の交換を楽しみにしていました。それゆえ、差し出したものが無事に到着したかどうか、不安でやきもきしたのは、検閲の結果によっては没収されることもあったからです。しかし、書いた本人にはそのことは伝えられなかったのでしょうか。〈御落掌に相なり候や否や〉と武田の心配が伝わってきます。

もう一つ注目したいのは、〈新聞紙によりて時局を知る〉のくだりです。戦地では、全

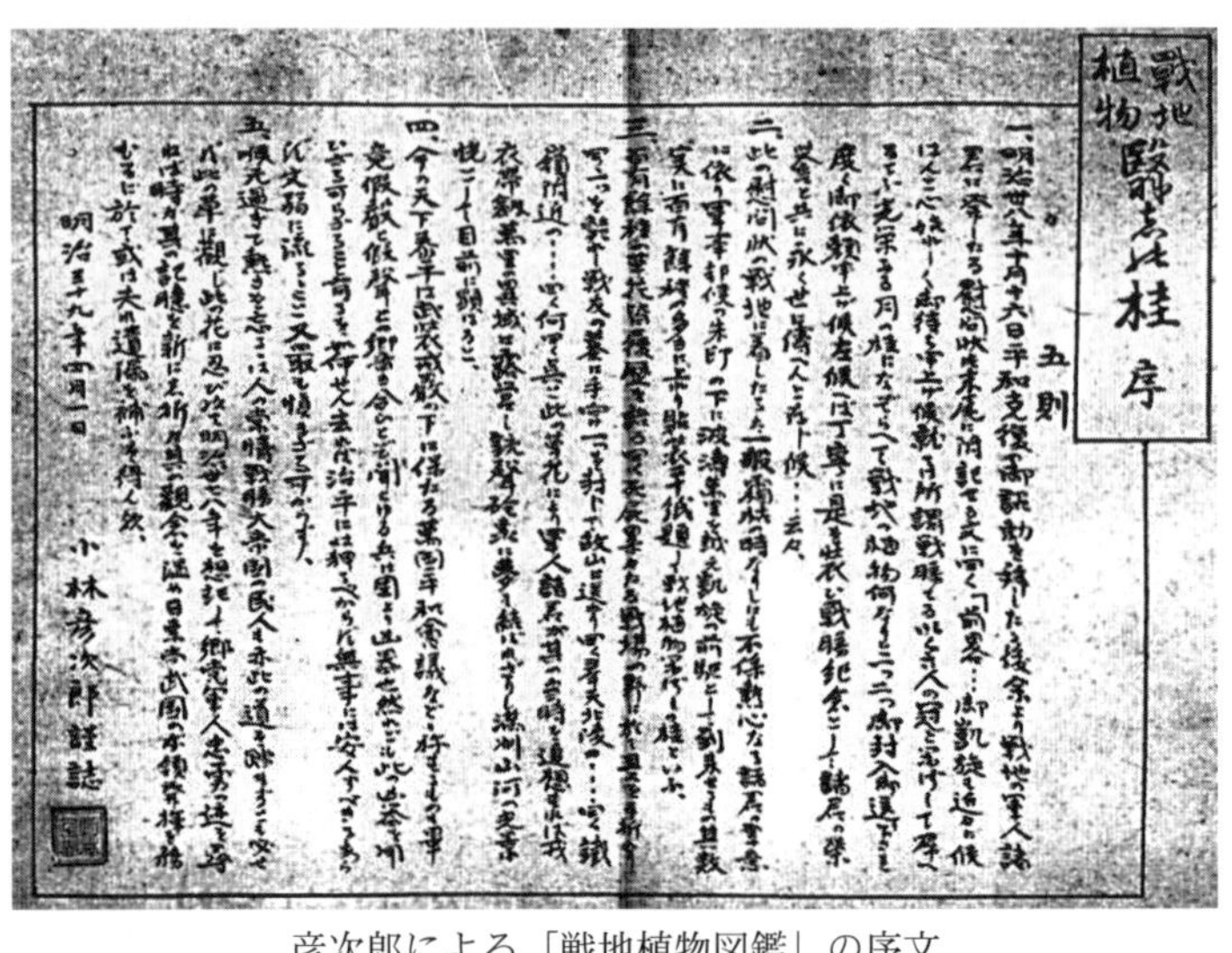
戦地植物鑑桂 序

五則

明治三十九年四月一日　小林彦次郎謹誌

彦次郎による「戦地植物図鑑」の序文

体の戦局や政治状況などはよくわかりませんでした。ましてや武田は歩兵一等卒ですので、国内の新聞でそうした情報を得るしかなく、重宝した理由がわかります。

彦次郎と兵士たちの絆を示すもう一つのものが、植物採集を通してのものでした。

植物学に熱心だった彦次郎は、戦地の植物を集めて標本にし、図鑑の発刊を考えていました。そこで、戦地の珍しい植物を送ってくれるよう戦地にいる兵士たちに依頼しています。依頼したのは、戦争終結後です。おそらくもっと前から考えていたことだと思われますが、講和が成立し、兵士たちが落ち着くのを待っていたのでしょう。

とはいえ、満州はすでに秋から冬の気配、植物採集には難しい時期でした。ほかにも戦地ゆえの困難な状況がありました。

明治38年11月10日

御手紙には異域の地に茂る珍しからん植物御逓送(ていそう)（郵送）あれよとの仰せ承り、思わず膝を打ち回顧の念に堪えず候（中略）。今すでに寒気到る（中略）満州の野は九月下旬にすでに四辺の山は灰色を景し今日に至りては緑なるものはこれ無く無味の荒原と相成り申し候。先生のせっかくの思し召しを無に致し候も詮方(せんかた)（なすべき方法）なく次第に相成り申し候（中略）。もし現役に服し、この異域の土に守備する身となるならばいななく駒の声もろともに珍草木を多く採集つかまつり先生の御許に進じ申すべく候。

（野戦歩兵第拾五連隊第五中隊　武田光夫）

武田が〈思わず膝を打ち回顧の念に堪えず〉と思ったのは、彦次郎が植物学に深い興味を抱いていたことを思い出し、懐かしかったからでしょう。頼まれごとですらも、うれしかったのです。なお、〈異域の土に守備する身となるならば〉と書いたのは、このまま現役兵として満州軍にとどまらないかとの打診が上官からあったことを踏まえてのことです。武田に限らず、依頼された兵士たちは何とか恩師の希望に報いようとしています。また、希望に応えられそうにもない場合には、何とかそれに代わるものを探そうとするなど、彦次郎の役に立ちたいという気持ちにあふれています。

明治38年11月1日

先生より満州の草花御注文に相成り候へども、小生どもは凱旋途中にあり、いかんともする事あたわず（中略）。なお先生の御注文に相成りし草花等も小生持ち合わせ少々これ有り候あいだ、帰宅次第差し上げたく思いおり候へども皆日本にある草花にて面白からざる花にござ候。

（近衛兵　丸山健一郎）

明治38年10月17日

当地は誠に花類に乏しく、かつ当節はすでに霜枯れに相成り思わしきものござなく候へども、つまらなき花二、三輪御送付申し上げ候。なお露兵の写真一葉も封入つかまつり候へば御受納下されたし。征露の記念となし下され候へば本懐の至りにござ候。

（出征第二軍後備歩兵第一旅団後備歩兵第十五連隊第四中隊　馬場只市）

思うように植物は集まらなくとも、こうした兵士の努力は十分に彦次郎の心を温かくしたはずです。

次もまた、何とか彦次郎の役に立ちたいとの気持ちが伝わってきます。

明治38年10月25日

草・花・木・葉を御所望の義につき早速採収に着手、御送付申し上げたく候へども今や満州の地は晩秋（中略）誠に残念ながら御希望を満たすあたわざる遺憾千萬に候。別封の二、三の花は支那人の盆栽にありしもの。御笑覧に供し候。

（工兵第一大隊　関時太郎）

彼らは、帰国の寸前まで努力を続けています。

明治39年2月4日

さて今回仁兄には学務に御熱心のあまり植物採集学に心の重きを抱かれ候につきて、何か清国の珍草をお望みの由、よく小生の許へ書状接せられ候。篤(と)くなる教育を受け、その千恩に酬(むく)ゆるの志しにて諸方に足を延ばし捜がし候しも、別して珍草も見当たらず候。しかし、二、三種の枯草を得て封を致し郵便局に依頼せしところ、当局にても母国の安否を問ふ書状のみにて他は取り扱わずとの事にて枯草を送ることを杜絶せられ候。

（鴨緑江軍徒歩砲兵第一独立大隊第二中隊　吉田儀市）

吉田もそうですが、依頼された側がありがたがっているのですね。それゆえ、〈千恩に酬ゆるの志し〉で〈諸方に足を延ばし捜がし〉ています。

吉田の送ろうとした〈二、三種の枯草〉は結局〈杜絶〉させられましたが、仕方のないことだったと思われます。野戦局（戦地の臨時郵便局）は、普段から持ち込まれる大量の郵便物の処理に困難を極めていたといいます。この時は帰国の相次ぐ時期でもあり、野戦局自体も閉鎖間際だったからです。

送られてきた植物標本を元にした図鑑は、出版寸前までいったようですが、実現しませんでした。その後標本は、この軍事郵便ともども彦次郎家に大切に残されていましたが、経年劣化で粉々になってしまい、処分されたといいます。

それにしても彦次郎の個人的な献身の大きさには感心させられます。それは、一面では明治政府の目指した、国民を戦争に協力させるための挙国一致体制の完成形という見方もできます。彦次郎に限らず、多くの庶民が「乏しい財布のなかから金銭を出し、海の向こうの兵士を応援し（中略）戦争に熱狂し」（押田信子『抹殺された日本軍恤兵部の正体』）ていたからです。〈熱狂〉は草の根まで浸透し、少しでも異論を唱えれば〝露探〟の汚名が着せられる状況もありました。昨今の〝自粛警察〟にもつながるものがあるかもしれません。こうした下からの戦争協力は、「国民の側からの一定の自発性を喚起する形で実現され」（宇野俊一「日露戦争」『岩波講座日本歴史一七』）るまでになっていました。

しかし、彦次郎の兵士たちに対する無償の行為は、それだけでは説明できません。実に多くの兵士たちに手紙を書き、幾度も医薬品や新聞などを送り続けたのは、戦争に協力するというよりもむしろ、自分の教え子や郷土出身兵士の一人ひとりを心から心配し、１日でも早く無事に帰って来れるよう応援したいという、教師としての純粋な気持ちの発露だったといえます。加えて、誠実で面倒見のよい人柄が、さらにそれを後押ししたと思えるのです。

しかし、それも紛れもなく国家の戦争協力要請に応えるものでした。

終章

軍事郵便は語り続ける

謹啓時下残暑
之候益々御勇
勝奉賀候陳者
愚生幸ニ無事
御奉公致シ居候
間乍憚御休神
被下度候目下満
洲ハ雨期ニ入リ
近頃ハ大ニ朝夕冷氣
ヲ相成候先ハ御伺
余ハ後便ニ
敬白

戦地にあって、兵士たちは実によく手紙を書いたものだと改めて思います。家族や親しい人々と引き離され、砲撃音の響く劣悪な環境の中で筆を取りました。建前では「君国のため」と自身を納得させながらも、彼らの願いはただ一つ、無事の帰還でした。郷里で彼らに手紙を書き続けた彦次郎もまた「軍国のため尽くされんことを」と書きつつも、最も祈念したことは兵士たちの健康であり、無事の帰国でした。

彦次郎の差し出した手紙のうち、「宛先不明」で戻ってきたものが全部で4通あります。うち1通は旅順攻囲戦に参加していた北森寅之助宛てで、消印は明治37年8月15日。すでに旅順攻囲戦が始まっていましたので、その混乱の中で届かなかったのでしょう。北森は、第三次旅順攻囲戦の最中の11月30日に「戦死体発見せざるも分隊長北原軍曹の証言により」、戦死が確認されています。22歳でした。手紙が帰ってきたわけがわかった時には、さぞかし悲しんだことと思われます。

次は、相手が脚気(かっけ)にかかり後送されたために届かず戻ってきたものです。

彼の満州の野、西比利亜の原は寒気なお厳しかるべく候へば出征軍人の艱難(かんなん)思ひ遣られ候。貴殿に於かれても十分御身の上御大切に。

ほかの3通も、「御健康の上にもなお御身心を健康に保持し」など、その身を気遣う文言が入っています。

さて、これまで軍事郵便を読み解いてきましたが、改めてそれらを概観しますと、大きく五つの特徴が指摘できます。

一つめは、兵士一人ひとりが自らと国家とを一体化した存在として捉えている点です。彼らの大半は、入営まで多忙な農蚕に従事していましたので、国を意識することはほとんどなかったと思われます。送り出した郷里の人々もまた同じでした。ところが、いったん開戦が目前になると、多くの国民が国家の利益を代弁するかのような言動を繰り返すようになります。「ロシア討つべし」との開戦を望む世論の高まりもこれまで見てきた通りです。日本人はいったいいつから、こうした〝国を背負って立つ〟意識を持ち始めたのでしょうか。

今日、国というと、世界地図や地球儀に広がる国民国家を想起します。しかし、少なくとも明治のある時期までは、国とは「信濃国」など旧国名に表されるエリアのことで、現在の都道府県とほぼ重なるものです。「輸出」「輸入」という言葉も、県レベルの流通を指していました。しかし、開国から始まった欧米諸国との交流は、徐々に日本人の国に対する概念を変えていったのです。この変化は単に地政学的なものにとどまらず、ナショナリズムとも結びついていきました。

近代日本のナショナリズムは、明治維新を成し遂げたリーダーたちを中心に醸成されていきました。それが対外戦争と結び付くのは、征韓論に代表される朝鮮への圧力として意識され始めた頃からでしょう。ちなみに征韓論といえば、西郷隆盛たちと大久保利通たちとの決定的な対立を生みだした論争と思われがちですが、朝鮮への強圧的な態度を取ること自体は両者には大きな差異はありませんでした。西郷の下野から西南戦争までの両者の矛盾を、征韓論をめぐる対立に求めることはできません。

その証左の一つが、西南戦争前年の日朝修好条規の押し付けです。この時既に、西郷は中央政府と決別していましたが、大久保率いる明治政府は朝鮮を挑発して砲撃した上で、戦利品を掠奪するという江華島事件を起こしています。その後も、武力を背景に不平等条約を結ばせたりするなど圧迫を強めていきました。

これらの朝鮮への強圧的な施策の根拠とされた考え方の一つに、第6章で述べた山縣有朋の「主権線」「利益線」がありました。その具体化が「我邦利益線の焦点は実に朝鮮に在り」（山縣有朋『外交政略論』）という認識です。軍事力を行使してでも朝鮮を支配すべきという為政者たちの外交認識は、新聞や知識人を通じて国民に徐々に浸透していきました。それを決定づけたのが日清戦争だったといえます。

日清戦争への協力は、愛国心の発露だとされました。例えば、上田出身の知識人たちの集まりであった上田郷友会は、開戦直後の１８９４（明治27）年、機関紙『上田郷友会月報』９月号で、「軍籍にある者、今や発令の下毅然として軍に行く（中略）。各地方に於いて兵士家族慰恤（いじゅつ）の義挙ある所以なるべし（中略）。兵士をして内顧の憂なからしめ、外大に勇を奮はしむるは正に、国民たるもの尽くさざるべからざる責務にして、愛国心の発動とはこれらを謂ふ」として、「愛国心」を強調し、戦争協力を求めています。

こうした動きもあり、日清戦争開始直後の１８９４年、小県（ちいさがた）郡の各町村で恤兵会（じゅっぺいかい）が作られました。初めての本格的な対外戦争開始時点で、軍人後援のための会が組織されていることに注目したいと思います。

10年後の日露戦争は、動員兵力も戦死者数も日清戦争を大きく上回るものでした。小県郡に限っても、日清戦争の動員兵力約４００名（内死者29名）に対し、３１００名（内死者230名）に上ります。それだけに兵士への援護活動も大がかりで、各町村の組織に加えて小県軍全体を統括する小県郡義勇会が作られました。

自己と国家を同一視し、積極的に戦争に協力する体制は、この時点でほぼできあがっていたといえます。それだけに『萬朝報』を去った幸徳秋水たちが、ただちに『平民新聞』を発刊して非戦論を貫いたことは高く評価されるべきでしょう。開戦半年前の1903年11月15日付『平民新聞』創刊号には、「我等は人類をして博愛の道を尽くさしめんが為に平和主義を唱道す。故に人種の区別、政体の異同を問わず軍備を撤去し、戦争を禁絶せんことを期す」と人道主義の立場から戦争の「禁絶」を訴えています。

一方、ロシアにおいても、文豪トルストイが日露戦争反対の論陣を張りました。その翻訳も『平民新聞』39号（1904年8月7日付）は、掲載しました。県内でも「伊藤生」という人物がキリスト教の立場から、「非戦説」と題した一文を新聞『南信』（1902〜26年飯田市で発行）に投稿しています。上田・小県地域でのそうした動きは、現在のところ確認されていません。

言うまでもないことですが、開戦を決定（宣戦布告は天皇大権）して主要な作戦を立て、戦闘を指揮するのは政治家や高級軍人でした。圧倒的少数の彼らは、安全な場所にいて命令を出しましたが、大多数の将兵はどんなにそこが危険な戦場での任務であっても、従うしかありませんでした。そうした人々を、納得ずくで戦争に参加させるための〝装置〟が教育であり、新聞報道などによる世論づくりでした。両者は、国民は個人である前に国家の構成員であるという帰属意識を作り上げていきました。

しかし、いくら「名誉の戦死」を喧伝しても、生きて帰りたいという願いは打ち消せなかったはずです。「この戦に於いて名誉の戦死を遂げられしは、まことに御両親の御歎き」（小野量次郎）もまた、否定しようもない感情でした。検閲があったとはいえ、日露戦争の時点では、まだこうした本音が書けたことがわかります。

庶民の犠牲は徴兵だけではありません。銃後の暮らしも隅々まで圧迫されていきました。増税や物価高、国債の半強制的な購入要請は常時ありました。しかし、それらを招いた戦争そのものへの批判はありませんでした。主導した政府や軍中枢に不満や怒りが向けられることも、ほとんどなかったのです。第6章で見た半田一郎のように、命を消耗品の如く考える高級将校に強い反発を覚えた兵士もいましたが、極めて少数でした。仮に戦死しても、わずかばかりの年金と、君国のための名誉の戦死という〝死の神格化〟で納得させられていました。

もちろん、ポーツマス条約締結直後に起きた日比谷焼き討ち事件などの大きな暴動にまで発展した反政府運動はありました。民衆の怒りが直接向けられた先は、内務省官邸や『国民新聞』などの御用新聞社、取り締まりに当たった警察などでした。そこにあったのは、「これほどの犠牲を国民に強いたのに、ロシアから取るべきものを取らなかった」という外交策への怒りでした。国家の施策に公然と反旗を翻したという点では大きな意味を持つ事件でしたが、一方で反戦につながる運動ではなかったことは重要です。長野市や上田町（現上田市）などにおいても、講和反対集会が開かれましたが、その動機は、日比谷焼き討ち事件とほぼ同じものでした。兵士たちの講和条約への評価もまた、多くは国内世論と同じく不満あふれるものでした。

明治38年9月13日

噂によれば我要求条件は意外の譲歩なると趣き聞きおよび、又々二十七八年戦役の轍（わだち）を踏む事かと思へば（中略）、這般（しゃはん）（このたび）の如き未曾有の大戦争をしながらまた未曾有の大戦勝を得ながら、その終局を完（まっと）ふする能はざるは誠に残念の極みにござ候。国民の意思に反して我が国百年の大計を誤り東洋永遠の平和を危くするに頓着を払はざるその責任者は現内閣なるかはたまた元老か小村か。

（第三軍歩兵第一旅団後備歩兵第十五連隊第一大隊本部　馬場只市）

二つめに押さえておきたい点は、中国や韓国への蔑視感です。その感情は第5章で述べた通り、既に日清戦争時から始まっていましたが、戦場でそこに住む人々と接することでさらに強まったことに問題の複雑さがあります。

上田・小県地域の人々も例外ではありませんでした。神川村伊勢山から日清戦争に出征した中村仲太郎の手紙には「家屋の周囲は豚及び牛を放養し、その不潔実に名状すべからず臭気夥（おびただ）しく鼻を撲（う）ち、余は乗馬行進するすら忽ち嘔瀉（としゃ）を促すに至る」（阿部勇「それは日清戦争からはじまった」『ふるさとで平和と戦争を考える　上田小県近現代史ブックレット26』）とあります。

中村に限らず、〈不潔〉や〈清潔〉〈衛生〉などの文言は、日露戦争の軍事郵便にもしばしば登場します。五感から体内に入ってくる不快感は理屈抜きで蔑視感に直結するものでした。ましてやある程度の伝染病予防の知識を得ていた兵士たちにしてみれば、衛生観念が欠如しているように思える環境は堪えがたいものであり、それは優越感と表裏一体でした。

例えば、ロシア軍が敗退した後の満州の集落に入った日本軍は、しばしば「衛生をなす」として清掃したりトイレを作ったりしています。こうした行動からは、不信感と恩着せがましさを読みとることができます。アジア太平洋戦争後の１９４６年２月、ＧＨＱが日本の水道水に塩素を添加することを義務づけたのと同じ現象といえます。戦勝国アメリカは、日本の水道水への不信感と自国の水道水消毒方式が安全であるという優越感からそれを指示しました。

しかし、この問題を考える上で忘れてはならないことがあります。蔑視の対象とされた人々の暮らしていた国や地域が、戦場とされていたということです。日本とロシアとの戦闘に巻き込まれた揚げ句に命を奪われ、暮らしを破壊された人々も少なくありません。その姿を目の当たりにしながらも、彼らの境遇に思いを馳せている兵士はほとんど見当たりません。わずかに、「それにつけても哀れなのは支那人であります。（中略）実に悲惨のありさまであります」（掛川伊勢次郎）と〈支那人〉に同情を寄せた手紙もありましたが、戦争への疑問はありません。

三つめは、日本の軍事行動こそが正義であり、自衛のためにやむをえないものであると肯定する論理です。

これもまた蔑視感と通底するものですが、日清戦争以降すべての戦争を、敵国の不当さを告発し、それを糺すための戦争として合理化していきました。日露戦争の宣戦布告にもそれがよく表れています。国民も全く疑いを持っていませんでした。例えば、彦次郎が出した手紙にある〈今般の征討の挙は、全国一致神人の共に憤ふる所〉という主張は、当時の国民共通のものだったでしょう。

さらに、韓国を植民地支配することも正当化していきました。ポーツマス条約やその後の第二次日英同盟条約は、実態は帝国主義相互の利益調整ですが、国際的にも朝鮮支配を承認されたものとして喧伝しました。

満州に於ける権益を守るための軍事行動も、国民には〝正義〟と認定されました。後年、関東軍の謀略で満州事変が起こされた際に国民の支持があったのも、日本の権益を守るため軍事行動は当然であるという認識があったからです。これに対し、植民地経営は逆に日本の利益を損なうものだとして反対を明確にしたのは、石橋湛山などごくわずかでした。

国際連盟からの脱退もまた国民の強い支持があってのことでした。連盟の示した提案は、日本側にも配慮を示した妥協案でしたが、それでも敵視しました。「日露戦争で勝ち得た日本の権益が軍閥によって不当に脅かされており、武力を行使してでも打破しなければならない」という論が、世論の主流となっていたからです。日露戦争で「十万の英霊と二十億の国帑（国家の財産）」であがなったのが満州であるという松岡洋右の国会演説もまた、広く支持されていました。それゆえ、日本の正当な行為を理解しない国際連盟にはとどまるべきではないという論理も、受け入れやすいものだったのです。当初連盟脱退には慎重であった天皇や政府が最終的に認めたのも、こうした世論や新聞の論調を意識してのことでした。

最後の元老として明治から昭和初めの政界に強い影響力を持っていた西園寺公望は、「連盟脱退通告と、それについての詔勅及び総理大臣声明の号外が出た。これに対する世間の気受けは大変よく、就中詔勅が大変結構であったといって、識者間に感服しているものが多かった（原田熊雄述『西園寺公と政局　第三巻』）」と語ったとされます。国際連盟脱退の演説をした松岡洋右が帰国した時には、あたかも英雄を迎えるようだったといいます。

日清戦争と日露戦争の宣戦布告で繰り返し使われている文言は、「東洋の平和」です。

満州事変や日中戦争では、「支那が日本に抵抗し、東洋平和が乱されているから、それを膺懲（ようちょう）（成敗して懲らしめる）することが正義である」というロジックが用いられました。それは、日中戦争時の『時報』に掲載された小学生の作文にもはっきりと表われています。

『時報』とは、小県郡の村々で1910年頃から1940年まで青年団の手によって発行されていた村の新聞です。当初は「村の人々に、より正確な情報を届けたい」という編集方針でしたので、鋭い政府批判もしばしば載せていました。しかし、満洲事変以降、多くが軍部主導の国策を支持する内容へと変容していきました。

小学生の作文の一部を紹介します。

天皇陛下に忠義を、親に孝を尽くし、世界の人々が仲良く手を結ぶやうにしなければなりません。僕は日本の兵隊さんが強いのは、皆、大元帥陛下の為に命もなげ出して働いておられるからだと思ひます。

（尋常小学校6年生『和田時報』昭和14年9月1日付）

柳は風が吹く度に皆頭を下げて行きます。丁度支那兵が皇軍の為に頭を下げて行くように思はれます。（中略）あの膺懲の支那兵を一日も早く打ち平げ東洋平和の爲、ひいては日本国家の為に戦って下さい。

（高等科2年生『神川』昭和12年11月5日付）

四つめは、重大な失敗を犯しても責任を取らない、あるいは問われないという体質です。戦争に於ける失敗とは、多くの命が無駄に失われることにほかなりません。

旅順攻囲戦も南山の攻撃も、強固な陣地と近代兵器で死守するロシア軍陣地に無謀な突撃を繰り返し、そのために「死屍（しし）積んで山をなしという形容詞も、ここに於いてはその通りと申し候、いやそれより死屍累々山をおおふに至りと申し候」（橋本益太）の惨劇が引き起こされました。それでもなお、幾度も繰り返されました。しかし、その作戦を立案、命じた者は何の責めも負うてはいません。著しい数の人命が損なわれても指揮官たちが作戦を改めなかった背景には、兵士の命を消耗品としてしか見ない日本軍の体質がありました。

それは、日露戦争にとどまらず、以降もずっと日本の軍隊に存在していました。アジア太平洋戦争時のインパール作戦や神風特攻隊など、犠牲者続出はあらかじめ十分予想されたはずなのに決行。しかしその責任を取ったり、処罰された指揮官はいません。失われずに済んだはずの多くの犠牲者を〝軍神〟として祀ったのは、重大な瑕疵（かし）を糊塗（こと）するための方便であったともいえます。日露戦争についていえば、各地に忠魂碑が建てられたのもその一環でした。ちなみに上田小県地域の忠魂碑の多くは、乃木希典（のぎまれすけ）が揮毫しています。

　このことは、戦後の極東国際軍事裁判にもいえることです。確かに「平和に対する罪」での実刑判決があり、日本軍の虐殺などを白日の下にさらしたことなど評価すべき点はありますが、帝国陸海軍最高責任者である大元帥天皇は訴追されず、七三一部隊などの戦争犯罪の責任者も無罪放免されています。

　五つめとして、学校教育による偏狭な国家主義の押し付けや新聞などの情報操作を挙げておきたいと思います。

　とりわけ小学校では日露戦争は格好の教材とされました。しかし、客観的な情勢や史実、戦場での悲惨な実態などには触れられず、もっぱら活躍した兵士の格好良さや自己犠牲の精神を賞揚する軍国美談が取り上げられました。そこで教えられたのは、天皇への忠誠であり、戦死の美化でした。『平民新聞』51号（１９０４年11月6日付）の「小学校教師に告ぐ」という論説は、「諸君の事業は人民の教育にあり、然れども諸君の職務は国家の職務なり」と喝破しましたが、それは極めて少数でした。小学校とは、第二第三の軍神養成システムと位置づけられていたといえば言い過ぎでしょうか。

新聞や雑誌では、〝正しい日本〟と〝約束を守らないロシア〟が喧伝されました。それは、報道が政府の管理下に置かれているということに加えて、経営戦略としての判断でもありました。開戦をリードした大きな力が新聞報道であったことは、前章で見た通りです。

戦争が始まってからの報道もまた、国家の管理下に置かれていました。「大勝に次ぐ大勝」と知らせましたが、しかし、実際には多くの死傷者を出した〝辛勝〟とでもいうべきものであったことは、これまで見てきた通りです。お雇いドイツ人医師のベルツも、そのことを指摘しています。

旅順は落ちない（中略）。日本側からは、攻囲戦の開始以来、一言の公表もない。しかしながら、要塞の塁壁の下に、日本軍の半数が死体となり、あるいは負傷して横たわっていることは、ほとんど疑う余地のないところである。誰が旅順攻撃軍を指揮し、誰が大孤山、上陸軍を指揮しているかを、新聞や世間が今にいたるも知らないなど、ほとんどありうべからざることのように思われるが、事実はそうなのだ。

（トク・ベルツ　菅沼竜太郎訳『ベルツの日記』明治37年9月4日付）

さらにはその辛勝さえも、イギリスやアメリカなどの列強が、自国の利益確保のために行動したことが結果的に日本に有利に働いたことが大きいのです。また、たまたま起きたロシア軍指導部内部の対立やロシア革命への動きなど、相手国の大きな矛盾に助けられた面も欠かせません。それらの偶然で有利な条件が重なっての辛勝でした。しかし、そうした客観的な情報は、伝えられませんでした。それは軍隊内においても同じでした。

小林彦次郎が保管してきた550通の軍事郵便に見られる五つの特徴は、すべてアジア太平洋戦争にまっすぐにつながっていることに気付かされます。そればかりでなく、現在の日本において私たちが直面している多くの課題、例えば日韓関係など隣国との外交問題、教育の国家統制や情報管理、犯罪まで引き起こしかねないヘイトとよばれる民族差別、個人の自由意志の抑圧につながる同調圧力等々。それらは日露戦争の時代に投げかけられた問題が今だに解決されていないことを、一連の軍事郵便は教えています。

改めて言うまでもなく、軍事郵便は検閲を経たものであるということを考慮して読み解かなければなりません。書く側もまた、それを前提として書いています。しかし、自分と故郷とをつなぐ唯一の手段として、懐かしい人々に思いを馳せながら手紙を書き続けた兵士の思いに接する時、戦争のむごさと平和の尊さを改めて感じます。故郷への便りを出した直後に戦死した兵士もいることを思えば、改めてその思いを強くします。

彦次郎は、明治憲法下に生きた一校長としての限界がありつつも、兵士たちのそうした気持ちを真摯に受け止め、彼らの手紙を大切に保管していたと思うのです。

あとがき

２０１４年９月14日、この軍事郵便を初めて目にした日のことは、今だに鮮明に覚えています。

この日、東御市中央公民館第６学習室に居合わせたメンバーは、長年大切に保管されてきた小林彦次郎の孫の関文彦さんご夫婦、関さんと筆者をつないでくださった渋谷太一さん、筆者の４人でした。４人とも、桐の箱に収められたアルバム３冊のページをめくるたびに現れてくる、墨痕鮮やかな手紙やまったく色あせていない絵はがきに、しばし見とれていました。ただ、癖のあるくずし字が多かったため、内容をぜひ知りたいという関さんから、その場で筆者に解読の依頼がありました。それが、本書を書くきっかけとなりました。改めて感謝する次第です。

それから早６年が経ちました。これほどの時間がかかってしまったのは、非常勤とはいえ勤務があったことに加えて、予想以上に判読しづらいものが多かったからです。すべてを読み終えた今でも、読み間違いなどあるのではという不安が残ります。

解読したものが数通まとまるたびに、翻刻と読み下し文を関さんにお送りしてきました。その都度大変喜んでいただき、大きな励みとなりました。一通りの解読が終わり、それをもとに執筆した論文「旧小県郡県村出身の兵士たちのみた日露戦争」が雑誌『信濃』に掲載されたのが、２０１８年3月でした。しかし、その年の2月16日、関さんは逝去されました。論文も本書も一番喜んでくださったであろう関さんに読んでいただけないことが残念でなりません。謹んで墓前に捧げたいと思います。

関さんは、短歌をよくされていました。戦下に散った若者への哀悼をテーマにしたものも数多くあります。そのうちの二首です。

若者が抗うすべなく死にゆける戦争という時代がありき

聖戦とは悲しき言葉昔より純なるものが憧れ慕う

彦次郎の兵士たちに対する思いは、孫にあたる関さんにもしっかりと受け継がれているに違いありません。

日本のナショナリズムの起点の一つともいえる日露戦争は１１５年前に終わりましたが、アジア太平洋戦争の呼び水となってしまいました。１９４５年8月14日のポツダム宣言と、翌46年に公布された日本国憲法で、軍隊はじめ戦争につながるものは残らず否定されたはずでした。しかし、東アジアの緊張関係は払拭されておらず、偏狭なナショナリズムも、今なお私たちの社会に暗い影を落としています。二度と戦争の悲劇を繰り返さないために、そして真の国際的友好を実現するために、軍事郵便はこれからも読み解かれる必要があると思うのです。

本書執筆にあたっては、上田小県近現代史研究会の小平千文会長や冨田隆順さん、深町稔さんはじめ研究会の仲間のみなさんには、しばしば懇切なご教示を賜りました。また、信濃毎日新聞社出版部の山崎紀子さんには、章立てから校正に至るまで、常に的確なアドバイスを頂きました。そのことを特に記してお礼申し上げます。ありがとうございました。

２０２１年1月　コロナ禍の収束を願いつつ

桂木　惠

差出人別軍事郵便数

差出人	所属（義勇録ほかによる）	階級	出身地	総数	備考
横関伊勢太郎	第一師団兵站弾薬縦列	砲兵特務曹長	県村常田	44	
掛川伊勢次郎	野戦重砲兵第四聯隊	一等計手	県村常田	32	
小田中丈夫	野戦砲兵第十七聯隊	砲兵一等卒	県村田中	22	
小山久五郎	歩兵第十五聯隊	歩兵軍曹	県村本海野	17	
橋本益太	歩兵第十五聯隊	歩兵曹長	県村本海野	17	
小林栄次郎	徒歩砲兵第一聯隊	砲兵一等卒	県村田中	16	
武井龍太郎	野戦重砲兵第一旅団	砲兵上等兵	県村本海野	15	
松林吉之進	騎兵第十三聯隊	騎兵一等卒	県村本海野	14	
宮坂喜平治	東京湾要塞砲兵聯隊	砲兵一等卒	県村本海野	14	戦病死（腸チフス）
小林益雄	歩兵第十五聯隊	歩兵一等卒	県村本海野	12	
小林幸次郎	近衛師団第六補助輸卒隊	輜重輸卒	県村県	10	帰国後戦病死
武田光夫	歩兵第十五聯隊	歩兵一等卒	県村常田	10	
長谷屋貞良	近衛師団第六補助輸卒隊	輜重輸卒	塩川村塩川	10	
関口源蔵	近衛後備歩兵第三聯隊	歩兵上等兵	県村本海野	10	
所松治	歩兵第十五聯隊	歩兵一等卒	県村本海野	10	
加藤亀重	近衛師団野戦電信隊	輜重輸卒	県村県	10	
柳澤嘉一郎	近衛後備歩兵第二聯隊	歩兵一等卒	県村県	10	
丸山健一郎	近衛工兵大隊	輜重輸卒	県村田中	10	
馬場只市	後備歩兵第十五聯隊	歩兵曹長	県村常田	9	
小野量次郎	後備歩兵第十五聯隊	歩兵軍曹	県村本海野	9	
日向豊太郎	近衛砲兵連隊	砲兵一等卒	県村本海野	9	
宮坂由三郎	後備歩兵第十五聯隊	歩兵軍曹	県村本海野	9	
荻原喜助	近衛後備歩兵第二聯隊	歩兵軍曹	県村加澤	9	

差出人	所属（義勇録ほかによる）	階級	出身地	総数	備考
所元治	第二十八補助輸卒隊	輜重輸卒	県村本海野	8	
村田和頼	近衛師団第六補助輸卒隊	不明	北御牧村	8	
丸山亀太郎	歩兵第十五聯隊	歩兵一等卒	県村田中	8	
戸田芳包	野戦重砲兵第一聯隊	砲兵輸卒	県村本海野	8	
宮坂只四郎	第一師団兵站電信隊	輜重輸卒	県村本海野	8	掛川泰治と連名
吉田儀市	東京湾要塞砲兵聯隊	砲兵一等卒	県村田中	7	
小野今朝造	第一師団輜重兵第一大隊	輜重上等兵	県村本海野	7	
佐藤寅之助	野戦砲兵十五聯隊	歩兵軍曹	県村本海野	7	
田中市郎	野戦重砲兵第三聯隊	砲兵二等卒	県村本海野	7	義勇録では「一郎」
依田虎治良	東京湾要塞歩兵連隊	砲兵一等卒	県村県	6	
竹内有	騎兵第七聯隊	騎兵一等卒	和村海善寺	6	
大熊富泰	騎兵第十五聯隊	騎兵上等兵	県村本海野	6	戦死（奉天会戦）
懸川縫三郎	近衛歩兵第三連隊	歩兵一等卒	県村加澤	5	
懸川梅三郎	工兵第一大隊	工兵一等卒	県村加澤	5	
宮下古光	歩兵第二十五聯隊	歩兵一等卒	県村田中	5	戦死（二〇三高地）
春原六郎	不明	不明	不明	5	義勇録に見当たらず
小山冨四郎	歩兵第十五聯隊	歩兵伍長	県村本海野	5	
坂井袈裟次郎	歩兵第一聯隊	歩兵一等卒	県村本海野	5	
宮坂濱太郎	徒歩砲兵第五聯隊	砲兵一等卒	県村本海野	5	
大熊辨七	第一師団第二十二補助輸卒隊	砲兵軍曹	県村本海野	4	
掛川泰治	第二軍兵站電信隊	輜重輸卒	阿県村常田	4	
中島一誠	近衛歩兵第三連隊	歩兵一等卒	県村常田	4	
小林嘉瑞	不明	五等水兵		4	義勇録に見当たらず
北沢重成	野戦砲兵十五聯隊	砲兵一等卒	県村田中	4	

差出人	所属（義勇録ほかによる）	階級	出身地	総数	備考
桜井藤吉	第一師団第十一補助輸卒隊	輜重輸卒	県村加澤	4	
関時太郎	大本営陸軍幕僚付	工兵中尉	県村加澤	4	
田中藤之丞	歩兵第十五聯隊	歩兵上等兵	県村田中	4	戦死（旅順攻囲戦）
竹田省助	輜重兵第一大隊	輜重輸卒	県村田中	4	
佐藤今朝五郎	野戦砲兵十五聯隊	砲兵一等卒	県村本海野	3	
矢島清一	騎兵第一聯隊補充大隊	不明	不明	3	義勇録に見当たらず
一之瀬幸太郎	国民歩兵第四大隊	歩兵軍曹	県村県	3	義勇録に見当たらず
岩下喜代八	歩兵第十五聯隊	歩兵一等卒	県村田中	3	戦死（奉天会戦）
小田中栄次郎	野戦砲兵十八連隊	砲兵一等卒	県村加澤	3	
桜井国一	第一師団第十一補助輸卒隊	輜重輸卒	県村加澤	3	
吉原嘉四郎	近衛歩兵第四連隊	歩兵一等卒	県村加澤	3	
小田中権兵衛	歩兵第十五聯隊	歩兵一等卒	県村田中	2	
小林森太	第二十八聯隊	歩兵一等卒	県村加澤	2	戦死（奉天会戦）
高木起義	歩兵第十五聯隊	歩兵一等卒	県村県	2	
宮崎堅吾	歩兵第十五聯隊	歩兵一等卒	県村田中	2	戦死（奉天会戦）
柳澤今朝一	近衛歩兵第三聯隊	不明	不明	2	義勇録に見当たらず
丸山善兵衛	輜重兵第一大隊補充隊	不明	不明	2	義勇録に見当たらず
小山丹蔵	村松補充大隊	不明	不明	2	義勇録に見当たらず
桜木常次郎	野戦鉄道堤理部第参軌道	不明	不明	2	義勇録に見当たらず
依田小膳	歩兵第十五聯隊	不明	不明	2	義勇録に見当たらず
宮下生平	騎兵第十三聯隊補充中隊	不明	不明	2	義勇録に見当たらず
山浦茂平	歩兵第十五聯隊	歩兵一等卒	県村加澤	2	
田中熊吉	第四師団第四糧食縦列	不明	不明	1	義勇録に見当たらず
中島尚重	歩兵第三連隊	歩兵一等卒	県村常田	1	

差出人	所属（義勇録ほかによる）	階級	出身地	総数	備考
小林袈裟右衛門	野戦砲兵十五聯隊	砲兵輸卒	県村常田	1	
間下勝次郎	所属部隊の項のみ記載無し	歩兵特務曹長	県村常田	1	
西入喜市	近衛師団第六補助輸卒隊	輜重輸卒	神川村大屋	1	
上原卯市	近衛師団第五補助輸卒隊	輜重輸卒	県村加澤	1	義勇録では「卯一」
小林宗左衛門	歩兵第十五聯隊	歩兵一等卒	県村加澤	1	
鷹野春右衛門	歩兵第二十五聯隊	歩兵一等卒	県村田中	1	
横澤長治郎	第十一補助輸卒隊	輜重輸卒	県村加澤	1	
宮坂精三	歩兵第十五聯隊	歩兵上等兵	県村本海野	1	戦死（旅順攻囲戦）
宛所不明のため彦次郎へ返却				6	うち2通は封書のみ
封書のみ				13	（写真在中など表書き）
総計				549	
軍事郵便以外の私信				7	

主な参考・引用文献

小県郡義勇会『義勇録　明治三十七八年日露戦役』　１９１２年
旧参謀本部編『日本の戦史　日露戦争上・下』徳間書店　１９６６年
日本軍國協會『日露戰役史　歩兵第15聯隊』高崎聯隊日露戰役史編　１９０９年
宇野俊一「日露戦争」『岩波講座日本歴史17』岩波書店　１９７６年
上田市誌編さん委員会「上田市民のくらしと戦争」『上田市民のくらしと戦争20』　２０００年
原田敬一『日清・日露戦争』岩波新書　２００７年
長野県『長野県史　通史編７』長野県史刊行会　１９８８年
長野県『長野県史近代史料編　軍事・警察・司法』　１９８８年
原田勝正監修『日露戦争の事典』三省堂　１９８６年
大江志乃夫『日露戦争の軍事史的研究』岩波書店　１９７６年
小森陽一編著『日露戦争スタディーズ』紀伊國屋書店　２００４年
井口一起「日清・日露戦争」『講座日本歴史８』東大出版会　１９８５年
新井 勝紘「軍事郵便の基礎的研究（序）」『国立歴史民俗博物館研究報告１２６』２００６年
東部町立田中小学校『開校百周年記念誌』　１９９４年
東部町立田中小学校『九〇年のあゆみ』　１９８３年
大江志乃夫『兵士たちの日露戦争』朝日新聞社　１９８３年
多門二郎『多門二郎日露戦争日記』芙蓉書房　１９８０年
茂沢祐作『ある歩兵の日露戦争従軍日記』草思社　２００５年
山田朗『これだけは知っておきたい日露戦争の真実』東京高文研　２０１０年
地図で知る日露戦争編集委員会『地図で知る日露戦争』武揚堂　２００９年

半藤一利『日露戦争史　1・2・3』平凡社　2012〜2014年
齋藤茂吉『齋藤茂吉全集　第5巻』岩波書店　1973年
加藤陽子『戦争の日本近現代史』講談社現代新書　2002年
加藤陽子『戦争の論理』勁草書房　2005年
飯塚一幸『日清・日露戦争と帝国日本（日本近代の歴史3）』吉川弘文館　2016年
横山篤夫編著『兵士たちがみた日露戦争』雄山閣　2012年
藤原彰『日本近代史の虚像と実像1　開国〜日露戦争』大月書店　1990年
大月隆仗『兵車行　兵卒の見たる日露戦争』敬文館　1912年
宮内庁『明治天皇紀第10・第11』吉川弘文館　1974・1975年
戦記名著刊行会編輯部『日露戦争当時の内外新聞抄』戦記名著刊行会　1929年
東部町誌編纂委員会『東部町誌　社会編』東部町　1988年
信濃教育会『信濃教育6』国書刊行会　1982年
荒木昌保編『新聞記事で綴る明治史下』亜土　1975年
押田信子『抹殺された日本軍恤兵部の正体』扶桑社新書　2019年
トク・ベルツ『ベルツの日記（下）』岩波文庫　1979年
林茂・西田長寿編『平民新聞論説集』岩波文庫　1961年
宮本常一『忘れられた日本人』岩波文庫　1995年
森鷗外『森鷗外全集7』筑摩書房　1960年
板倉聖宣『模倣の時代（上・下）』仮説社　1988年
生方敏郎『明治大正見聞史』春秋社　1926年
夏目漱石『三四郎』角川文庫　1979年

著者略歴

桂木　恵（かつらぎ・めぐみ）

1953年鹿児島県生まれ。

上田小県近現代史研究会事務局長。信濃史学会会員、歴史教育者協議会会員。上田市公民館地域史講座講師ほかを務める。

「上田小県近現代史ブックレット」シリーズには『「時報」にみる子どもたちと戦争』ほか多数執筆。

信濃史学会誌『信濃』に論文「犬養毅と南北朝正閏論争」などを発表している。

主な共著に『蚕糸王国信州ものがたり』（信濃毎日新聞社）『千曲・上田・東御の昭和』（いき出版）など。

カバーデザイン　酒井隆志

編集　山崎紀子

Shinmai Sensho

信毎選書　29

軍事郵便は語る

戦場で綴られた日露戦争とその時代

2021年1月30日　初版発行

著　者　桂木　恵

発行所　信濃毎日新聞社

〒380-8546　長野市南県町657

電話 026-236-3377　ファクス 026-236-3096

https://shinmai-books.com

印刷製本　大日本法令印刷株式会社

ISBN978-4-7840-7375-7 C0021

定価はカバーに表示してあります。

乱丁・落丁本は送料弊社負担でお取り替えいたします。